E. Antonio Elster

Alltag graut
Yachtbesitz bräunt

Eine Haftung des Autors oder des Verlages für Personen-, Sach- und Vermögensschäden ist ausgeschlossen.
Preise sowie Zahlen- und Adressangaben ändern sich schnell. Deshalb dienen alle entsprechenden Angaben in diesem Buch lediglich der Orientierung. Die Leser werden gebeten, sich in jedem Einzelfall immer aktuell zu erkundigen.
Nachdruck, auch einzelner Teile, ist verboten. Das Urheberrecht und sämtliche anderen Rechte an diesem Buch sind ausschliesslich dem Autor vorbehalten. Übersetzung, Speicherung, Vervielfältigung, Verbreitung einschließlich der Übernahme auf elektronische Datenträger wie CD-ROM, Bildplatte usw. und die Einspeicherung in elektronische Medien wie Internet, Bildschirmtext etc. des vollständigen Buches oder Teilen daraus ist ohne vorherige schriftliche Genehmigung des Autors unzulässig und strafbar.

E. Antonio Elster:
Alltag graut - Yachtbesitz bräunt

Titelbild mit freundlicher Überlassung durch FLAUSA, Tallahassee, Florida, USA. Einbandgestaltung E. Antonio Elster. Alle Rechte vorbehalten. Druck und Bindung Georg Lingenbrink GmbH+Co, Hamburg. ISBN 3-89811-334-5. Printed in Germany.

In Andenken an Eddy

Inhaltsverzeichnis

Vorwort 7
Aller Anfang ist nass - oder nicht? 10
Neuseeland, 1. Versuch 16
Florida, 2. Versuch 27
Die Suche beginnt 28
SY White Star 31
Ein Schiffskauf 41
Der Dockwechsel 46
Die Arbeit beginnt 59
Die Jungfernfahrt 64
Und ewig lockt das Weib... 76
Ankern über dem Korallenriff 84
Das erste Mal unter vollen Segeln 104
Ziel erreicht 112
Erfolgreiches Angeln ist Spezialistensache 113
Praxis und Erfahrungen 119
Worauf man beim Kauf achten sollte 124
Die Amerikaner 138
Tägliches Leben in Florida 151
Anschriften 182

Vorwort

Liebe Leserinnen und Leser,

die meisten Menschen in Deutschland haben keine Küste vor der Tür und schon deshalb wenig oder gar nichts mit dem Marineleben zu tun. Ich dagegen hatte Glück und wuchs in Oberursel auf, eine typische kleine Hafenstadt mitten in Hessen am Rande des Feldberges.

Naguuut, Sie haben mich erwischt. Das maritime Ambiente dieser Hafenstadt beschränkt sich auf zwei winzige Stadtweiher, an denen alles mögliche durch riesige Schilder verboten ist. Im Hintergrund können Sie aber die Seealpen des Taunus sehen. Wirklich. Oder zumindest waren sie das einmal, denn heute werden dort Muscheln und andere Kalkablagerungen gefunden, die auf eine frühere, (leider) sehr viel frühere Meeresgegenwart schliessen lassen. Doch das nur nebenbei.

Vor gar nicht langer Zeit haben Nicki, eine frühere Schulkameradin, und ich uns durch den tragischen Motorradtod unseres gemeinsamen Freundes Eddy nach vielen Jahren wiedergetroffen und sassen dann abends mal zusammen. Nicki suchte gleich ihre Lieblingsfotos heraus und legte sie schweigend auf den Tisch. Ein Schiff, eine Segelyacht mit Namen *SY Togo* war darauf zu sehen. Ich zuckte nur leicht die Schultern und schaute sie mit grossen, fragenden Augen an. Sie sprudelte begeistert und stolz wie nix hervor: „Das ist meins!Hab' ich supergünstig gekriegt!Liegt in Spanien!Nächste Woche flieg' ich wieder runter!Ein Traum..."

Das war klasse. Ihre Augen leuchteten mit den Sternen oben am Himmel um die Wette und im schummrigen Wohnzimmer duftete es plötzlich irgendwie nach Meereswellen, Sandstrand und Takelage. Sogar das Radio spielte *I am sailing* von Rod Stewart. Wir sassen ein paar Minuten ehrfurchtsvoll über den Bildern - dann hielt ich es nicht mehr aus, ging zum draussen geparkten Auto, holte auch ein paar Fotos und legte sie schweigend auf den Tisch. Ein Schiff, eine Segelyacht war darauf zu sehen. Nicki schaute mich mit grossen, ungläubigen Augen an. Und ich sprudelte begeistert und stolz wie nix hervor: „Das ist meins!Hab' ichsupergünstig gekriegt!Liegt in Florida!Nächsten Monat flieg' ich wieder runter!Ein Traum..."

Tja, Sie können es sich ja denken: damit war der massivste Grundanker für tage- und nächtelange Kapitänbriefings gelegt, den Hessen je gesehen hat. Und wir hatten sogar, ohne jeden dämlichen Staatszwang, die Frauenquote übererfüllt.

Im Laufe unserer gegenseitigen Erzählungen bemerkten wir, das jeder als blutiger Anfänger begonnen hatte und viele Erfahrungen sowohl zum Lachen und als auch zum Heulen gemacht hat. Jeder hatte ähnliche Anfängerängste und vergleichbare Bedenken, die sich im Nachhinein oft als völlig unbegründet herausstellten.

Und jeder von uns kannte zahlreiche Menschen, die auch so gern würden: Yachtbesitzer sein nämlich und eigener Cäpt´n...sich aber aus den verschiedensten Gründen nicht heranwagen. Das führte zur Idee, Ihnen, den zukünftigen Freiheitsliebhabern, zu schreiben. Um Ihnen möglicherweise eine kleine Hilfe auf Ihrem Weg zum „Leben geniessen" zu sein. Und nun, viel Spass beim Lesen!

Ihr E. Antonio Elster

P.S. Wenn Sie später am Buchende angekommen sind, dann können Sie eine für jedermann lesbare Rezension bei www. amazon.de schreiben und so Ihre Meinung anderen Lesern und mir mitteilen.

Aller Anfang ist nass - oder nicht?

Also - mit Booten, Meer und ähnlichem Kram hatte ich ja nie irgendetwas zu tun. Dieses ganze Marine-SchwimmWasserTauchetc.-Zeugs war mir so fremd wie einer Wüstenspringmaus das Mittelmeer. Und die Ausgangsvoraussetzungen, um diese Fremdheit vielleicht ein klein wenig in Richung Vertrautheit zu ändern, die waren denkbar schlecht: Aufwachsen zwischen Mittelgebirge und Grosstadt Frankfurt, Eltern begeisterte Waldwanderer und keinen einzigen Bekannten oder Verwandten, der irgendetwas mit Wasser zu tun hatte.

Alles hätte sich zum Guten wenden können, als mir als kleinem Bub ein sehr hübsches Modellboot mit Elektromotor, ein Abbild der italienischen Riva-Boote aus elegantem Mahagoni geschenkt wurde. Leider verlief der so freudig und ungeduldig erwartete Stapellauf am Sonntagmorgen auf dem Ortsweiher nicht ganz nach Plan. Papa und ich trafen gegen 10.30 Uhr am Weiher ein. Um 10.40 Uhr wurde das stolze Boot zu Wasser gelassen. Und um 10.41 Uhr sank es wie ein Amboss.

Eine mächtige Tsunami, verursacht durch ein gigantisches Entenflugmonster im rücksichtslosen Landeanflug, bescherte dem Stolz der Taunusmeere ein ähnliches Marineschicksal wie der berüchtigten *Titanic* und liess den kleinen Amateurkapitän in spe erst total verblüfft, dann sehr verängstigt um mehrere Meter vom Weiherrand in Richtung sicheren Rasen zurückspringen…

Nur wenige Wochen später planten meine Eltern mit einem Ausflugsdampfer den Main entlang zu schippern. Obwohl ich noch nie lebende Flugsaurier gesehen hatte, vermutete ich sogleich ein ähnliches Schicksal für diesen Dampfer und übrigens auch jedes andere Schiff dieser Erde. Weil Nichtbeachtung von Saurier-Einflugschneisen mit sofortigem Untergang in mindestens 10 Meter Tiefe bestraft wird. Folgerichtig weigerte ich mich fortan unter Weinkrämpfen, auch nur einen einzigen Zeh auf irgendein Deck zu setzen.

Obendrein war ich auch noch ziemlich wasserscheu. Die Eltern schickten mich in einen Schwimmkurs. Hin bin ich nur ein einziges Mal. Schon beim ersten Versuch war das Wasser kalt und nass!. „Wenn schon die Füsse nicht zufrieden sind, wie sollte das erst werden, wenn diese unfreundliche Flüssigkeit den Bauch oder gar die Brust erreicht hat?"

Tja, so war das. Dieses Wasser schien mir ein überaus nutzloses, ja gefährliches Element zu sein. Und ausser als minderwertige Hilfsflüssigkeit für Himbeersirup und für ein gelegentliches Bad sah ich absolut keinen Grund, mich näher damit zu beschäftigen.

Sie werden übereinstimmen: Alles zusammen waren das nicht gerade die besten Voraussetzungen, um einmal ein abenteuerlustiger Hochseekapitän zu werden.

Im Verlauf der Jahre wurde ich brav, habe einen ordentlichen Beruf ergriffen und mit festen Boden unter den Füssen gearbeitet. Irgendwann lernte ich sogar Schwimmen und ausserdem, das man sich auf einem Schiff sicher fühlen kann, falls gerade keine Dinosaurier in der Nähe sind.

Alles war gut, bis Freund Computer erhebliche Unruh´ ins tägliche Leben brachte. Von jeher mit einem gerade noch liebenswerten Stück an lustiger Arroganz ausgestattet, sagte dieser Schelm mir eines Tages direkt ins Gesicht, das ich verrückt sein muss. Er behauptete: „Für diesen neuen Auftrag wirst Du zu soundsoviel Stunden Zwangsarbeit ohne jede Entlohnung von diesem Finanzamt verpflichtet!"

Das machte natürlich neugierig. Und ich überprüfte die Behauptung dieses überschlauen Siliziumhirnis. Nun stellen Sie sich vor: Der Schlingel hatte Recht! Ich hab dann kalt lächelnd erwidert: „...was wollen die...? Kommt überhaupt nicht in Frage! Die Sonne scheint. Die spinnen wohl!" Und bin mit dem Motorrad auf den Feldberg gefahren, anstatt Frondienste zu leisten.

Die Warnungen vor Sklavenarbeit wurden häufiger. Als Ausgleich wurden persönliche Freiheiten immer weniger - und schönes Wetter

Mangelware.

Eines Tages hatte der schlaue Computer wieder einmal heftig vor dem Finanzamt gewarnt. Kurz darauf stand ich relaxt auf dem Feldberg an die geliebte Honda gelehnt, und entschied ganz leise:

„Mein arg limitiertes Lebensstundenkapital wird ab sofort nicht mehr in diesen Looser Staat investiert. Anstatt Zinsen und Dividenden zu bezahlen -von Kurssteigerungen wollen wir hier gar nicht reden- fordert der immer neue und immer höhere Einlagen von mir! Und quasi ohne jede Gegenleistung! Ja, spinnt der? Lieber schenk' ich meine Lebenskröten der Natur und mir selbst und geniesse sie!"

Damit war der Dorn gesetzt. Gedanken tauchten auf „Wie geht das - weg aus Deutschland? Welche Risiken gibt es? Und wohin denn?" und die Suche nach Antworten begann. Beim genaueren Nachdenken darüber fiel übrigens auf, das die Risiken, in Deutschland zu bleiben, grösser waren als die des Weggehens. Unter anderem deswegen, weil es in Deutschland einige Bedrohungen gibt, die in manch anderen Ländern unserer Erde unbekannt sind:

Da ist zum Beispiel das hohe Risiko des Ausgeraubt werdens. Durch den Staat! Normalverdiener in Deutschland bezahlen ca. 75% Steuern und Abgaben! Fündundsiebzig Prozent! Rechnen Sie ruhig einmal selbst nach: Einkommenssteuer, Mehrwertsteuer, Benzinsteuer, Kfz-Steuer, Grundsteuer (auch in Miete enthalten) und und und. Die Zahl ist „serious as a heartattack". Und seit Deutschland in 1999 im weltweiten Vergleich der kaufkraftstärksten Länder auf Platz 20 abgestürzt ist (!) und bald "würdig" die DDR vertritt -übrigens auch auf anderen Gebieten- kann sich jeder selbst seinen Reim machen.

Oder das erhöhte Gesundheitsrisiko. Haben Sie sich schon einmal gefragt, warum man in Deutschland so wenig Menschen lachen sieht? Selbst ein kleines, einfaches Lächeln wird immer seltener. Dabei handelt es sich tatsächlich um eine richtige Krankheit: Die in Fachkreisen sogenannte *Akute Lemonitis* hatte auch mich schon infiziert, wie ich eines Tages schockiert entdeckte. Eine gefährliche Virusinfektion mit einem auffälligen äusseren Symptom: Nach unterschiedlich langer Inkubationszeit verformt sich die Kiefer-Muskulatur des Patienten in der Art, das sich seine Mundwinkel sogar beim Lachen nach unten ziehen!

Interessant ist, das sich dieser heimtückische Virusbefall in gewissen mitteleuropäischen Regionen epidemieartig ausbreitet, während die Bevölkerungen in zum Beispiel der USA und Südeuropa weitgehend immun zu sein scheinen.

Doch Heilung war nah. Unzählige Menschen vor mir hatten sich ein Herz gefasst und Deutschland verlassen - um das einzige Leben, das zu Verfügung steht, in mehr persönlicher Freiheit, mit mehr Lebensfreude und in besserem Wetter zu geniessen.

Das wollte ich auch…

Neuseeland, 1. Versuch

...auf der Segelyacht vor Neuseelands Küsten, das ist ein Traum. Je nach Gegend haben Sie entweder tiefblaues oder türkisfarbenes Wasser unter dem Kiel. Eine sanfte Brise für gemütliches Dahingleiten weht immer, rauher Wind für die persönliche Auseinandersetzung mit der See ist nicht so selten. Windstille kommt so gut wie nie vor. Große Teile der vorgelagerten Inselwelt sind unberührt, eine lauschige Bucht für sich allein zum Ankern findet man immer...

Tja, in Neuseeland liegen sozusagen die Wurzeln meines Schiffstraums. Mit damaliger Freundin bin ich von Deutschland dorthin ausgewandert. Nachdem die ersten wichtigen Dinge im neuen Tagesablauf "...eines Auslands-Deutschen bei der Niederlassung im Zielland.." geregelt waren und ein erster Eingewöhnungsprozess stattgefunden hatte überlegten wir, wie man wohl ein paar nette Neuseeländer ausser den unmittelbaren Nachbarn kennenlernen könnte.

Zu dieser Zeit inserierte die Küstenwache, die *Royal New Zealand Coast Guard*, ständig in der grössten Tageszeitung *New Zealand Herald*, um für ihre angebotenen Kurse zum Bootsführerschein zu werben. Dieser Bootsführerschein ist in Neuseeland freiwillig, solange Sie ein Schiff nur privat bewegen. Und zwar ganz gleich, welche Grösse und Motorisierung ihr Marinetraum besitzt. *Boat Master Patent* wird er genannt, der -soweit mir bekannt- überall in der Welt als gültiger Bootsführerschein für private Yachten anerkannt wird.

Jedenfalls entschlossen wir uns teilzunehmen in der Hoffnung, nette Neuseeland-Bekanntschaften zu machen und nebenbei etwas Neues zu lernen - ohne jede weitere maritime Hintergedanken oder Pläne. An Bootfahren oder gar eine eigene Yacht dachten wir keine einzige Sekunde.

In Auckland, am nördlichen Ende der Queen Street und damit ganz nah am Pazifikwasser der bekannten Hobson Wharf haben wir uns bei der Küstenwache angemeldet. Falls Sie dort einmal hinkommen: das Eis vom Verkaufsstand in der kleinen Fussgängerzone und die Chocolate Chip Muffins von der Bäckerei an der Ecke des hohen Gebäudes sind zwei Träume!

Naja, was soll ich sagen? Unsere laienhafte soziologische Anschluss-Theorie hat funktioniert und wir haben sehr nette Neuseeländer kennengelernt, manche sind Freunde bis heute geblieben. Quasi als Beigabe gab es viel Neues zum Lernen, der Unterricht der Coast Guard war sehr interessant gemacht und wir schlossen gut ab. Nach der erfolgreichen Prüfung wieder zuhause, wurden die druckfrischen Führerscheine zu allen übrigen Papieren gesteckt - und damit war unser kurzes

Schnuppern am süssen salzigen Marineleben wieder beendet, bevor es richtig begonnen hatte.

Jedesmal, wenn wir nach oder aus Auckland fuhren, das war so zwei- bis dreimal die Woche, schauten wir zwar nicht uninteressiert über den grossen Yachthafen direkt an der Harbour Bridge, mit seinen zahllosen weissen Rümpfen und Masten bis zum Horizont, und erfreuten uns an dem schönen Bild - aber damit hatte es sich auch schon.

Geraume Zeit später spazierten wir die vielen Stege dieses ausgedehnten Yachthafens auch mal per pedes ab. Die Sonne brannte, und der leichte Wind in Verbindung mit den kleinen, schaukelnden Wellen liess die unendlich vielen Taue und Stahlseile an den Schiffsmasten hell klimpern wie einen voll geschmückten Weihnachtsbaum auf unsicherem Fuss. In Verbindung mit den fortwährend leicht tänzelnden Schwimmstegen unter den Füssen und der überraschenden Feststellung, das hier jedes einzelne Gesicht entweder lustig grinste oder freundlich lächelte, stellte sich eine völlig neue, schöne und bisher völlig unbekannte Stimmung ein.

Irgendwo während des Schlenderns auf den schwimmenden Stegen fiel unser Blick fast gleichzeitig auf den geschwungenen Namen am Heck einer eleganten Segelyacht unter schwedischer Flagge - und meine Freundin wäre vor Überraschung fast ins Wasser gefallen: Die Yacht war exakt auf ihren eigenen Namen getauft. Nun muss man wissen, sie trägt wirklich einen sehr ungewöhnlichen und seltenen Namen und konnte es deshalb einfach nicht fassen. Und wie wir da stehen und uns wundern, kletterte schon ein junges Päarchen aus der Kajüte hervor und grüsste uns freundlich - in deutscher Sprache. Die beiden hatten ihre guten Jobs in Deutschland von heute auf morgen an den Nagel gehängt, den Hausstand komplett verkauft und dafür eine schöne Segelyacht erworben. Ende Gelände! Und dann waren sie einfach allein von Hamburg bis hier in den Südpazifik gesegelt! Und wollten noch weiter - um die Welt. Sehr beeindruckend.

Wir tratschten eine Weile am Bootssteg, gingen später einen trinken, trafen uns im Verlauf der nächsten Wochen noch mehrmals und irgendwann luden die beiden uns zu einer kleinen Segeltour ein.

Beim An-Bord-gehen behielt ich gewisse, verschämt aufkommende Erinnerungen an ein Modellboot ganz still für mich. Doch es gab keinen Grund für Bedenken. Ganz im Gegenteil. Alles war sehr spannend und interessant, wenn ich auch zugeben muss, das die für das damalige Empfinden gewaltigen Schräglagen der 12 Meter Yacht im Wind vor Aucklands Skyline ein mulmiges Gefühl im Bauch erzeugten.

Mit Motorradschräglagen hatte das absolut nichts zu tun, wie ich es insgeheim gehofft hatte. Nein, fast war es wie verliebt zu sein. Mit Flugzeugen im

Bauch und so. Bloss, das es halt keine Flugzeuge waren, sondern schräg liegende Segelschiffe.

Jedenfalls klappte die kleine Segeltour ganz gut - und diesmal war es nicht das Silizium- sondern das Kohlenstoffhirni, das wiedereinmal Unruh ins Leben brachte.

Schon am nächsten Tag nämlich, nach einer durchwachten, unruhigen Nacht mit mindestens eintausend Gedanken, die alle um das "..mein eigener Kapitän sein.." kreisten, war ich endgültig infiziert: Nee, nicht von der akuten Lemonitis. Die war schon seit einiger Zeit wie weggeblasen und durch ein Dauergrinsen ersetzt.

Es hatte mich anders gepackt - das weite Meer, die vielen Segelboote und das Gefühl von grenzenloser Freiheit. Ich begann, über den Kauf einer eigenen Segelyacht ernsthaft nachzudenken und schlug vor, doch einmal die Zeitungsanzeigen zu studieren.

Nachdem wir uns über die Mindestgröße, so ungefähr 10m, einig waren, tauchte dann leider - wie immer zu den unpassendsten Momenten- unser meistgehasster Erzfeind auf. Der böse McKonto wollte uns jeden Spass vermiesen! Tatsächlich war unser Kontostand alles andere als begeistert und es vergingen viele Wochen erfolglosen Kleinanzeigen Lesens; kombiniert mit Sich-hier-und-da Fachwissen aneignen, weil viele Angebote für unser Budget einfach zu teuer waren.

Doch eines Tages stand sie dann tatsächlich in

der Zeitung. *Patricia*, eine 42 Fuß Ketch. Nach der Beschreibung und dem Preis genau das, was wir suchten. Ich griff zum Telefon.

Insider-Wissen
Eine Ketch hat zwei Masten, im Gegensatz zur Sloop und zum Cutter mit nur einem Mast. Ein Fuß entspricht 30,5 cm, das sind also ganz schöne Riesenlatschen.

Es handelte sich um das Schiff von Greg, einem Auckländer. *Patricia* lag auf den Fidschi-Inseln, wo Greg mehrere Jahre gearbeitet hatte. Die per Post übersandten technischen Daten und Farbfotos sahen vielversprechend aus.

Nacheinander bei Kaffee, Muffins (bevorzugt Chocolate Chip), Tee, Fish & Chips und anderen leckeren britischen und neuseeländischen Geniessereien kam es zu mehreren Treffen mit dem Eigner.

Er erzählte -natürlich- vom guten Zustand des Schiffes. Mein Interesse -nicht unbedingt unsereswuchs stark und die Frage nach der Ursache für das günstige Angebot beantwortete Greg mit dem Liegeplatz Fidschi-Inseln, der die Zahl der Käufer doch einschränken würde. "And, right now, I really could use some cash. That´s why she is not even insured right now." Er war also ausserdem knapp bei Kasse, weshalb *Patricia* zur Zeit nicht einmal versichert war. Das leuchtete ein.

Während der weiteren Verhandlungen bot Greg

obendrein an, das notwendige Flugticket für einen Besichtigungstermin in Lautoka/Fidschi bei Kauf zu erstatten. Ich war im großen und ganzen mit dem Angebot einverstanden, wollte aber vor dem tatsächlichen Flug noch einen Survey, das ist ein Gutachten über den Zustand des Schiffes, bestellen. Dieses wird üblicherweise durch den Kaufinteressent geordert und bezahlt, aber Greg bot sich überraschend an, das zu übernehmen.

Zwei Wochen später hielt ich ein ausgesprochen positives Gutachten in Händen, kaufte voller Vorfreude ein Ticket für umgerechnet 800 Mark und flog, ausgestattet mit Schlüsseln und genauen Liegeplatzangaben von *Patricia* auf die Fidschi-Inseln, um mir womöglich unser Traumschiff anzuschauen.

Der Landeanflug auf Fidschi ist traumhaft schön. Falls Sie einmal dorthin fliegen, buchen Sie sich am besten einen Fensterplatz: In niedriger Höhe gehts über türkisfarbenes Meer und blendendweissen Sandstrand. Nicht weit vor dem flachen Strand brechen sich sanfte Wellen mit kleinen weissen Schaumkronen an den direkt unter der Oberfläche liegenden Korallenriffen. Sieht wirklich toll aus.

Kaum ist der Flieger gelandet und die Flugzeugtür geöffnet, wird man von der schwülen Tropenhitze fast erschlagen, weshalb ich fluchtartig die 25km lange Taxifahrt vom Fidschi International Airport zum Hafen von Lautoka suchte und buchte- bei der recht abenteuerlich ausschauenden Taxiflotte vor dem kleinen Flughafengebäude.

Die wunderbare kleine Reise führt über eine schmale einspurige Strasse, die auf beiden Seiten von ausgedehnten, dichten Zuckerrohrfeldern eingerahmt ist. Die Zuckerrohrfelder wechseln sich ein paar Mal mit grossen Palmenhainen ab, doch viel mehr ist nicht zu sehen. Städte oder gar Grosstädte gibt es hier nicht. Das Taxi fährt, falls es fährt, an Kokoswollesammelstellen vorbei, von wo die Kokoswolle (die äusseren Fasern einer Kokosnuss) angeblich an (damals noch) Mercedes-Benz nach Deutschland als Sitzfüllmittel verkauft werden. Die gesamte Gegend, der Verkehr, die Menschen und ihre Behausungen, alles ist...sehr ländlich.

Während der Fahrt durch die heisse Südpazifik-Luft bot mir der nette und aufmerksame Fahrer, der wie ein Schlot rauchte und sich ausserdem dauernd irgendwelche bunten Pillen in den Mund schob, einen Schluck Cola aus seiner geöffneten und halbvollen Dose an. Sehr nett, wirklich, aber bei den geringen Temperaturen von um die 36 Grad C° ist zuviel Trinken bestimmt schädlich.

Nett meinte es auch unser Auto. Das lernfähige Taxi schaute sich die Höflichkeit bei seinem Herrn und Fahrer ab und wollte ebenfalls zuvorkommend sein zum ausländischen Fahrgast. Als Entrée´ bot es zunächst grosszügig den Schalthebel an, der wie ein halbgares Spaghetti mit einem teilnahmslosen „Knack!" einfach abbrach. Dabei wollte ich mich in der klimaanlagelosen Kiste nur etwas bequemer hinsetzen und berührte ihn quasi gar nicht. Den Herrn und Fahrer kümmerte es wenig, er grinste nur und schluckte eine weitere, diesmal pastellgrüne Pille.

Nur wenig später, vielleicht als aufmerksames apres-(wasser)ski gedacht, sorgte der Wagen dann für ein nettes Hintergrundkonzert, indem er einfach den rechten Scheinwerfer rausfallen liess. Dieser baumelte plötzlich wie ein wildgewordenes Pendel an seinen Verbindungskabeln und erzeugte einen fröhlichen Rhythmus durch ständiges Anschlagen an die noch verbliebenen Reste des teilweise bereits skelettierten Autos. Zuverlässig und ohne jede Panne, toitoitoi, erreichten wir den Küstenort Lautoka und fanden auch den, hm, Hafen.

Nun hat ja jeder Hafen dieser Welt einen Hafenkapitän, der für kluge Regeln und schöne Ordnung in seinem Zwitter-Reich zwischen Wasser und Land sorgen soll. Dabei hat es mit diesem Berufsstand weltweit etwas Merkwürdiges auf sich: Die Wichtigkeit der jeweiligen Hafenkapitänsperson scheint nämlich überall in genau umgekehrten Verhältnis zur Grösse seines Hafens zu stehen. Das ist komisch und müsste doch eigentlich andersrum sein, oder?

Im Lautoka Hafen kontrollierte der äusserst pflichtbewusste und überaus wichtig erscheinende Gebieter über das mindestens 100 Küstenmeter ausgedehnte Grosshafengelände mit seinen 2 unzähligen Bootsstegen und dem durchaus angemessenen Namen „Lautoka International Marina" lediglich für geringe 30 Minuten meine Papiere sowie die Vollmacht von Greg. Und tatsächlich. Schon bald darauf wurde mir der Eintritt in sein Allerheiligtes unter „..jederzeitigem Rückrufrecht einschliesslich des bedingungslosen Vorbehaltes jeglichen Weisungsrechtes, zeitlich eng befristet, und zwar nicht länger als.." vorläufig quasigestattet. Ein paar Minuten später stand ich wirklich vor der lebensechten *Patricia*.

Eine...interessante...Erfahrung wars. Die Aussage »stark überholungsbedürftig« gab den Zustand der Yacht sehr unzureichend wieder. Die einstmals wunderschönen Deckaufbauten waren sämtlich verwittert und gebrochen, die Maste und Segel verlottert, der Rumpf beschädigt, die Wassertanks gerissen und vieles mehr. Ein Kauf kam unter gar keinen Umständen in Betracht.

Ich ärgerte mich über die vielen falschen Versprechungen und natürlich über das zum Fenster hinaus geworfene Geld für das Flugticket. Bereits am Abend flog ich enttäuscht nach Auckland zurück und wurde dadurch wenigstens zum Weltrekordhalter im kürzesten Fidschi-Urlaub. Später stellte sich zufällig heraus, das der doch so positiv klingende Survey gefälscht war.

Dann überschlugen sich die Ereignisse. Meine Freundin mit dem seltenen Namen wollte nach

Deutschland zurück. Ich nicht. Wir gingen trotzdem zusammen, eine tiefe Liebe hatte gesiegt. „We and Her" waren mir wichtiger als „Me and New Zealand". Als kleiner, eingebildeter Joker im Ärmel keimte insgeheim noch ein wenig die Hoffnung, das sie sich nach einem Jahr vielleicht an das freie Neuseelandleben gewöhnt hatte, wenn auch möglicherweise nur unbewusst. Und das ihr Deutschland nach der Ankunft deshalb vielleicht doch nicht so recht gefallen würde wie erwartet. Und das sie dann von selbst mit ihrem süssen Augenaufschlag sagt „Hmmmm... weisst Du...eigentlich...war Neuseeland ja ein schönes Land...?"

Naja, Sie habens bestimmt schon erraten: Viel zu viele Wenns und Vielleichts. Aus all den Hoffungen wurde nämlich nichts, wie so oft kam alles ganz anders. Schon kurz nach der Ankunft in Deutschland haben wir uns getrennt. Die Trennung war mein psychischer GAU und ich hatte ernsthafte Angst, die Lebenslust zu verlieren. Allein zurück nach Neuseeland kam aus emotionellen Gründen auf gar keinen Fall in Betracht, in Deutschland bleiben auch nicht. Ich begab mich auf die Flucht vor wasweissich nach Florida.

Florida, 2. Versuch

„Bitte anschnallen, wir haben soeben den Landeanflug auf Miami International Airport begonnen!" tönte es aus den Lautsprechern der Flugkabine. In Florida waren wir vor Jahren zum ersten Mal gemeinsam im Urlaub. Frisch und tief verliebt und glücklich und überhaupt...

Die Tränen liefen mehr oder weniger unkontrolliert herunter und die Stewardess guckte schon ganz komisch. So traf ich im Sonnenstaat Florida ein: Allein, todmüde und unglücklich bis nach Bagdad.

Das Verlassen des Flughafens Miami, besonders im Sommer, funktioniert ungefähr so: Man schleppt sich erschöpft aus dem Flugzeug zum Gepäckkarussell, wo sich der eigene Körper während des Wartens auf das Gepäck zwischen Müdigkeit und Aufgeregtsein einfach nicht entscheiden kann. Die Jacke ist locker-lässig weltmännisch über die Schultern oder den Arm gehängt, wobei die leichte Gänsehaut an den Armen, verursacht durch die arktische Klimaanlage, grosszügig ignoriert wird - schliesslich ist man ja in Florida! Nachdem der Koffer endlich angekommen, irrt man orientierungslos und unbenommen, umher - bis man ´nen Menschen findet, ders eigne Vertrauen bindet, weil doch jeder sehen kann, das der sich auskennt, dieser Mann. Dem folgt man dann unauffällig.

Mit etwas Glück taucht einige Zeit später eine Glastür am Horizont auf, die die tropische Freiheit verspricht. Die Arme lang wie ein Gorilla, weil der Koffer mittlerweile bleischwer geworden ist, strebt man stolpernd auf das ersehnte Tor zur Wärme, genau wie ein Verdurstender zur grünen Oase. Hoffentlich ists keine Fata Morgana!

Die Glastüren schwenken automatisch auf, Körper und Koffer durch, eine laute, hektische Geräuschkulisse von unzählige Autos und Menschen dringt in die Ohren - und man friert!

Gerade bildet sich ein kleines Ärger- und Enttäuschungsgefühl über die viel zu niedrigen Temperaturen in Florida - unbemerkt haben die zuschlagenden Glastüren noch einen Schwall eisiger Nordpolarluft hinterhergepumpt.

Und einen Augenschlag später schlagen die Tropen mit aller Gewalt zu. Feuchte Hitze lässt von einer Sekunde zur anderen nach Atem ringen und kurz darauf fühlt sich Hose und Hemd schön klebrig feucht an.

Die Suche beginnt

Nach einer Woche lustlosem und frustriertem Floridaaufenthalt fiel *der* Entschluss. „Schluss! Aus! Ich mach´ das jetzt und ziehe mein Yachtprojekt hier und jetzt alleine durch! Was braucht man eine Freundin dafür? Oder sonst jemanden? Pfft!"

Strand und Meer wurden völlig ignoriert, stattdessen stiegen diverse Anzeigenblätter mit Tausenden von Gebrauchtbootangeboten von heute auf morgen zur regelmässigen Pflichtlektüre auf - bis ich die wunderbaren Möglichkeiten des Internet entdeckte.

Das geht in Amerika ganz einfach, weil jede öffentliche Bibliothek Mengen an Computern mit Internetanschluss der Bevölkerung kostenlos zu Verfügung stellt (in Fort Lauderdale haben sie ungefähr 50 PCs!). Nach ein paar Tagen Sucherei waren die interessanten Internet-Anschriften für die Bootsangebote gefunden (eine lautet www.traderonline.com) und ich sass vor einem Monitor in der Main Library in Fort Lauderdale auf konzentrierter Bootssuche. Am Nebencomputer kruschelte eine sehr hübsche junge Frau...die ich total ignorierte. Ich ignorierte sie so sehr, das sie fast schon wieder interessant wurde, weil sie so uninteressant war.

Möglicherweise war dies der Grund dafür, das sie anfing, dauernd irgendwelche Fragen zur Computerbedienung zu stellen. Ihre Fragen wurden alle beantwortet - so kurz und knapp, wie es mir nur möglich war. Lasst mich bloss alle in Ruhe!

Jedenfalls sah Susan, mit diesem Namen hatte sie sich vorgestellt, während ihrer Fragerei auf meinem Bildschirm, das ich nach Booten suchte.

Und so erzählte sie, das ein Bekannter von ihr seine Segelyacht verkaufen wollte. Sie schrieb mir die Telefonnummer auf und ich rief später am Tag den Bootsverkäufer an.

Wir vereinbarten einen Besichtigungs-Termin für den nächstenTag. Die Adresse war einfach zu finden, der Verkäufer wartete sogar schon draussen am Tor, als ich im Auto ankam. Er führte mich hinters Haus (nicht hinters Licht!), wo mitten auf der ausgedehnten, sattgrünen Rasenfläche unter zwei Kokospalmen eine dieser Plastikliegen stand, auf der Susan sich sonnte und mir freundlich zulächelte, als sie mich sah.

Am Ende der Wiese, parallel gedockt an der niedrigen Kaimauer, lag das zum Verkauf stehende Segelboot. Eine 32 Fuss Sloop war es, von 1977. Eigentlich gab es gar nicht viel an dem Boot auszusetzen. Aber vielleicht kennen Sie dieses Gefühl: Sie riss mich nicht vom Hocker. Alles ganz nett, ja, aber Begeisterung kam einfach nicht auf. Ich machte ein sehr niedriges Angebot, der Verkäufer akzeptierte erwartungsgemäss nicht und ich hinterliess ihm meine Handy-Telefonnummer für den Fall, das er es sich vielleicht noch anders überlegen würde.

SY White Star

Also, der Gebrauchtbootmarkt in Südflorida, sagen wir von Key West bis zur Höhe von West Palm Beach, der ist gigantisch. Von jeder denkbaren Schiffsart und Schiffsgrösse, vom kleinsten Schlauchboot bis zur privaten 40 Meter Atlantikyacht mit Gasturbinenantrieb gibt es mehr als zahlreiche Angebote. Sogar U-Boote werden verkauft. Allein Ihr Wunsch und Konto bestimmt.

Ist Ihnen Geld mehr oder weniger egal, so können Sie innerhalb weniger Tage Ihr Traumschiff, ganz egal, um welche Art von Traum es sich handelt, besitzen. Selbst ohne grosses Herumzuhandeln sind die Preise im Vergleich zu Europa oft günstig.

Ist Ihnen Geld jedoch nicht egal und soll es ein wirklich guter Deal sein, mit dem vielleicht sogar noch Geld zu machen ist, dann artet die Sucherei allerdings in richtige Arbeit aus. Als Käufer stehen Sie in Konkurrenz mit einem riesigen Heer von Yachtbrokern, schlauen Yachtkäufern und den schnellen Mark-, sorry, Dollarmachern, die alle genau das Gleiche wie Sie wollen. Ein wirklich guter Deal ist oft innerhalb von Stunden verkauft, auch bei Preisen jenseits von $1.000.000.

Insider-Wissen
Schiffspreise steigen kubisch mit der Rumpflänge, weil die Länge das umbaute, kostenverursachende Volumen (den Raum, der mit allen möglichen

Anlagen, Systemen und Annehmlichkeiten ausgefüllt werden muss) bestimmt. Ein Schiff von doppelter Länge kostet also 8mal (2^3) soviel! Dabei handelt es sich um einen groben Anhalt, weil in der Praxis viele andere Faktoren wie etwa Zustand, Motorisierung etc. auch eine Rolle spielen. Aber im Prinzip stimmts.

Diese verflixte Regel in Verbindung mit dem einfach nicht aufgebenden, widerspenstig-zähen Erzfeind McKonto sorgte dafür, das ich sehr viele Yachten anschaute und dabei als Nebenprodukt völlig vertraut mit Fort Lauderdales und Miamis Stadtplan wurde. Doch ein eindeutiges „Ja, das isses!" war nicht dabei.

Wie fast immer im Leben geschah es dann unerwartet, das berühmte Schicksal kam ins Spiel. Ein Freund aus Deutschland rief an. Er benötigte ein besonderes Ersatzteil für seinen amerikanischen Oldtimer-Strassenkreuzer und ich fuhr zu einem der vielen Händler und suchte dort im Bestellkatalog. Dabei kamen der Teilehändler und ich, wie in den USA oft üblich, ins Gespräch und er erfuhr, das jemand auf der Suche nach einer Segelyacht vor ihm steht.

Sofort strahlte er auf: „Hey man, wait a minute! I´ve got something for you! Does Formosa 35 mean anything to you? She´s from 1982, but what a boat, I can tell you. Here - look at these pictures, just a couple of weeks ago. I love *White Star*, thats her name. Only trouble ist my girlfriend. She says „Move in or leave me alone - now!"

Er lebte also selbst an Bord seiner Yacht und „musste" zur Freundin ziehen. Oder auf die Freundin verzichten, was offenbar nicht zur Diskussion stand: Für das kommende Wochenende waren Verkaufsanzeigen in Zeitungen und Magazinen geschaltet.

Formosa ist ein taiwanesischer Hersteller, der auf der berühmten, ebenfalls taiwanesischen Grand Banks Werft (Grand Banks gilt weltweit als der Rolls Royce unter den Tourenmotorschiffen) bauen lässt. Diese Formosas sind durch und durch sehr stilvolle Top-Qualitätsboote, die so schnell nix umwirft. Die Zahl 35 beschreibt die Rumpflänge in Fuss, in Meter sind das 10,70.

Dabei hörte sich Verkäufers Preisvorstellung sogar doppelt gut an. Zum einen sagte mir die mittlerweile vorhandene Erfahrung, das es sich um eine guten Deal handeln könnte. Und zum anderen schaute ich gleich am nächsten Tag in den N.A.D.A. und BUC Listings nach.

Insider-Wissen
N.A.D.A.- und BUC-Listings sind sozusagen die Schwackelisten für Gebrauchtboote in den USA. Diese dicken Kataloge brauchen Sie nicht unbedingt zu kaufen: fast jede örtliche Bibliothek hat eines. Gern schauen auch manche Yachtbroker für Sie nach. Tendenziell wird N.A.D.A. eher von Käufern,

BUC eher von Verkäufern zu Rate gezogen...

Beide Listings sagten, das der Preis um ca. 30 Prozent höher sein dürfte. „Warum bloss so billig?" fragte ich.

„Ich liebe meine Freundin und möchte sie nicht verlieren, viel Zeit bleibt nicht mehr".

Klang das plausibel, glaubwürdig, ehrlich...? Na klar - und wie! Verliess ich doch vor gar nicht langer Zeit aus ähnlichem Grund das geliebte Neuseeland.

Hatte ich Ihnen übrigens schon den Namen des Verkäufers mitgeteilt? Er stellte sich als Gregory vor. Abkürzung Greg. „...nice to meet you, Greg!" Greg...? Greg!?! Hey, da war doch dieser neuseeländische Greg mit seiner sagenhaften *Patricia*...oh-oh. Mal sehen, ob mein Eindruck des ehrlichen Verkäufers revidiert werden muss. Wer wusste schon, was dieser Greg nun wieder alles vom blauen Himmel runter erzählt hat?

Immerhin war kein teures Flugticket notwendig, um *White Star* anzuschauen. Die Yacht lag in Fort Lauderdale an der Isle of Venice. Das war nur knapp 10 Autominuten entfernt, direkt an dem bekannten Palmen- und Einkaufsboulevard Las Olas. Greg war sofort damit einverstanden, das ich allein hinfahre und das Schiff ein bischen unter die Lupe nehme. Dazu müssen Sie sich vorstellen: Er lebte drauf - und gestattete einem völlig Fremden, in seiner Abwesenheit seine Wohnung zu inspizieren. Bemerkenswert!

Ich fuhr also direkt zur angegebenen Adresse. Auto geparkt, ums Haus nach hinten gelaufen, zur Kaimauer - und da war sie.

Wow! Das sah gut aus! Majestätisch lag *White Star* am Dock und entsprach dem ersten Blick nach nahezu exakt meinen Vorstellungen - mit Abstand das beste Schiff von allen bisher gesehen. Zwar hiess auch die Reederei der *Titanic* „White Star", doch unangemessener Aberglaube verhindert keine Ünglücke, sondern bloss echte Glücksfälle. Hoffentlich.

Sie hatte ein Center Cockpit. So heisst es, wenn der Steuerstand sich eher in der Mitte der Rumpflänge befindet anstatt ganz hinten im Heck. Das wird gern gemacht, um innen genügend Raum für eine echte Achterkabine zu schaffen, die bei dieser Yachtgrösse nicht unbedingt selbstverständlich ist. Bei *White Star* war diese Achterkabine sogar von innen zu erreichen, man musste nicht wie bei vielen anderen Entwürfen den Umweg nach draussen übers Cockpit nehmen.

Vorsichtig setzte ich den Fuss auf die Teakplanken des Decks und spazierte erst einmal neugierig von vorn nach hinten, staunte den hohen Mast hoch und drehte liebevoll am Holzsteuerrad. Grosse Teile der vielen Teak- und Mahagonileisten sahen verwittert aus, was mich allerdings nicht sonderlich störte, falls der abschliessende Kaufpreis ok wäre.

Und dann interessierten natürlich brennend die

Innenräume. Ich schloss den knapp zwei Meter vor dem Steuerrad liegenden Niedergang auf, Greg hatte mir einen Schlüssel mitgegeben, schob die schwere Holzluke nach vorn und blickte nach unten, wie man in einen geöffneten Gullideckel schaut. Allerdings drang intensives grelles Floridasonnenlicht durch die winzigen Klappfenster-Luken, von denen es auf jeder Schiffsseite 4 gab, und das leuchtete den untenliegenden Raum gut aus.

DoppelWow! Die gesamte Einrichtung in Vollteak! Keine schnöden, billigen Kunstoffoberflächen. Fünf steil angebrachte Holzstufen führen direkt vor den Augen hinunter in den kleinen Salon, das Wohnzimmer eines jeden Schiffes. Die gesamte Bodenfläche besteht aus hochglanzlackierten, zigarrettenschachtelbreiten, parallel in Längsrichtung verlegten, rotbraun-dunklen Teakleisten, die sich mit 1cm schmalen helleren Zwischenleisten regelmässig abwechseln. Beherrscht wird der Raum von einer grosse Sitzgruppe mit einen Sofa an jeder Rumpfseite und dem mittigen, grossen Holztisch.

In der vorderen Wand wäre der Türrahmen und die geschlossene Tür zur Bugkabine nur mit Mühe zu erkennen, wenn da nicht die kleine goldleuchtende Messingtürklinke wäre. Die gesamte Wand und die Tür ist aus massivem, elegantglänzenden rotbraunem Teak- und Mahagoniholz hergestellt, alles fügt sich ohne erkennbare Spalten zusammen. Schmale eingefräste oder eingeschnitzte Verzierungsnuten in Wand und Tür verlaufen überwiegend senkrecht im Holz und verstärken noch den aufwendigen Eindruck.

Die Bug-Kabinentür besitzt im unteren Drittel ein Lamettengitter mit vielen waagrechten, schräggestellten Holzleisten, das für die Frischluftzufuhr in der vorderen Kabine sorgt. Wandlampen, Lukeneinfassungen und Bilderrahmen aus Messing leuchten in schönem Kontrast zum vornehmen Holz und erzeugen eine wirkungsvolle, exclusive Atmosphäre.

Ein seltsamer Geruch zieht in die Nase - ungewohnt und doch irgendwie vertraut. Warme salzige Luft, vermischt mit schwerem Holzduft durch das grossflächig verwendetete Teak und über allem als kleiner, exotischer Appetitanreger ein ganz sanfter, kaum wahrnehmbarer Hauch von Diesel - der Geruch von grenzenloser Freiheit und Abenteuer.

Auf jeder Seite des Rumpfes fügt sich die sofaartige Sitzbank nahtlos an die Innenwand des Rumpfes an. Direkt über den oberen Kanten der Rückenlehnen sind kleine Regale und Schränke eingelassen, alle im gleichen Holz und Stil wie die Wand zur Bugkabine. Die vorderen Ende der Sofas sind um die Ecke nach innen gezogen, so das auch je ein Gast mit dem Rücken zur Teakwand sitzen kann. In der Mitte des Salons zwischen den beiden Sofas steht der massiv gebaute Holztisch, mit kleinen senkrechten Rutschleisten am Aussenrand der glänzenden Tischplatte, und die ganze Einheit unverrückbar am Boden angeschraubt. Alles sieht sehr elegant, allerdings weder gepflegt noch sauber aus.

Nach dem ersten Eindruck von oben steige ich die steilen Stufen vorsichtig hinab in den Salon und setze die Füsse zaghaft auf den so vornehm aussehenden Fussboden. Die Decke ist niedriger als gewohnt, gerade so eben muss man den Kopf bei 1,81 Meter Körpergrösse nicht einziehen.

Hier im Yachtinnern wird man vom vielen Edelholz regelrecht umkuschelt - ein sehr warmes, wohliges Gefühl macht sich breit. Nur leise und gedämpft ist ein Aussenbordmotor und das Plätschern des dazugehörigen Bootes zu hören, das doch lediglich 6 oder 7 Meter hinter dem Heck der Yacht vorbei fährt. Kleine Wellen schlagen nun an das Heck von *White Star,* es hört sich ganz merkwürdig beruhigend an. Ganz anders, als Wellen für im wahrsten Sinne des Wortes Aussenstehende klingen. Und nun schaukelt der Fussboden sachte. Ganz sachte, ganz wenig nur, von links nach rechts und wieder nach links. Freiheit, die ich meine!

Ein kurzer Dreh nach links und man steht in einem schmalen Gang. Direkt am hinteren Ende der linken Couch beginnt die Küche, die von den Yachties galley genannt wird. An der Rumpfinnenwand reihen sich ein Zweiflammenherd, eine grosse, verchromte Spüle, eine Arbeitsfläche und dann der Kühlschrank hintereinander auf. 2 schwere Bronzeluken genau in Augenhöhe geben den Blick auf das Deck und die Nachbarschiffe frei.

Unter der Spüle befinden sich wie von zuhause gewohnt grosse Schränke. Die andere Seite, die Innenwand des schmalen Küchenganges besteht wieder aus Teakholz bis zur Decke. Im unteren Bereich eingelassen ist eine grosse Klappe, hinter der sich der Dieselmotor mit dem Getriebe und viel andere Technik befindet. Und am hinteren Ende der kleinen, schlauchartigen galley ist wieder eine dieser so edel gearbeiteten Türen mit der kleinen Messingtürklinke und den Belüftungslamellen im unteren Bereich zu sehen.

Ich öffne neugierig die Tür und stehe im Schlafzimmer. Ein Doppelbett, quer zur Fahrtrichtung eingebaut, nimmt fast den gesamten Raum ein. Nur vor dem Bett kann man durch den kleinen Raum zur anderen Seite des Rumpfes gehen, an wo sich eine zweite Kabinentür nach vorn befindet. An Kopf- und Fussende des Bettes sind kleine Kleiderschränke eingebaut, die unten mit je drei Schubladen versehen sind. Ein kleiner Fernseher und Videorekorder steht herum. In der Decke befindet sich eine grosse Luke, die einen Spalt weit geöffnet ist. Auch diese Kabine schwimmt in Holz , sogar der elegante Fussboden des Salons setzt sich durch die gesamte Küche bis hier in die Achterkabine fort.

Ich schliesse die Tür hinter mir, gehe am Bett

entlang zur zweiten Tür, die geöffnet ist und blicke in ein kleines Bad. Gleich in Höhe meiner rechten Hand befindet sich ein Waschbecken und diverse Schränkchen, wieder alle in diesem traumhaften Teakholz. Davor ist die Marinetoilette eingebaut und auf der linken Seite des Raumes wieder eine Wand mit grosser Klappe, hinter der sich der Motorraum, diesmal von der rechten Seite zugänglich, verbirgt. Vorne ist das Bad durch eine weitere der edlen Türen zur Navigationsecke im Salon hin begrenzt, die allerdings offen steht. Man blickt direkt auf einen kleinen Kartentisch und sieht gegenüber das elektrische Schaltpanel der Yacht mit vielen Schaltern und Kontrollämpchen. Vor dem Kartentisch beginnt schon das rechte Sofa im "Wohnzimmer".

Ein paar Schritte nach vorn durch Bad und Salon und ich öffne vorsichtig die Tür zur Bugkabine. Auch dieser Raum wird eingenommen von einem grossen Doppelbett, das hier allerdings genau mittig in Fahrtrichtung eingebaut ist und dessen Fussende bereits in Bugform keilförmig zusammenläuft. An den Kopfenden sind Kleiderschränke, Schubladen und Ablagen eingebaut, auch hier alles in dem gleichen, wunderschönen Stil der gesamten Yachtinneneinrichtung.

Alles in allem - *White Star* ist mein Traum. Allerdings ist vieles an der Yacht schon bei oberflächlichem Betrachten verwittert, nicht sauber und sehr unaufgeräumt. Ein Kauf wird viel Arbeit bedeuten. Doch irgendwoher muss der günstige Preis ja kommen.

Der Grundriss , die Ausstattung und die Verarbeitungsqualität dieses Bootes entsprach so ziemlich haargenau den in so vielen Besichtigungen herausgebildeten Vorstellungen. 10,70 Meter lang, 9 Tonnen schwer, 2 völlig getrennte Kabinen und eine sehr fein gemachte Inneneinrichtung. Nicht schlecht.

Hergerichtet würde sie ein Traum sein, der einem beim eventuellen späteren Verkauf auch für einen höheren Preis aus der Hand gerissen würde. Auch deshalb, weil ihr Rumpf aus sehr dicken, glasfaserverstärktem Kunststoff bestand. Das ist das einzige Material, das in den USA Kaufinteresse findet. Holz-, Stahl- oder gar Zementrümpfe sind mehr oder weniger verpönt und deshalb von billig bis sehr billig zu bekommen.

Ein Schiffskauf

Zwei Tage später trafen Greg und ich uns an Bord von *White Star*, um ihre Technik zu checken. Ausgerüstet mit dickem Block und Stift ging ich mit Greg Ausrüstung und Zubehör Punkt für Punkt systematisch durch und notierte jede einzelne Kleinigkeit, die nicht so funktionierte wie sie sollte oder einfach nicht vorhanden war.

Wir begannen auf Deck: Alle Segel hoch am glücklicherweise windstillen Tag, an allen Winschen (das sind spezielle Winden, die es mit relativ wenig Kraftaufwand ermöglichen, ein Seil mit hoher Kraft zu spannen. Auf Segelfotos sind das die hochglanzverchromten Zylinder verschiedener Durchmesser, meistens in Cockpitnähe) mal drehen, die Luken auf, Anker runter, Instrumente im Cockpit gecheckt usw. usw. Später im Innenraum jeden einzelnen Schalter ausprobieren, alle Wasserhähne öffnen und schliessen und vieles mehr.

Schliesslich kam eine ansehnliche, zwei Seiten lange Liste an Dingen zusammen, die entweder defekt waren oder einfach fehlten. Dabei handelte es sich um viele Kleinigkeiten, aber eben auch um einen nicht gerade billigen, defekten Tiefenmesser sowie offensichtlich defekte Batterien, so das ein Motorstart gar nicht möglich war.

Spätestens zu diesem Zeitpunkt kommt der Käufer, so er weiterhin interessiert ist, mit der amerikanischen Verkäufermentalität in Berührung, die sich doch von der europäischen unterscheidet: Sie und ich würden das Boot nicht kaufen, ohne das der Motor gestartet wurde, stimmts?

Nun, der amerikanische Verkäufer würde keinen einzigen zusätzlichen Dollar in sein Boot (oder jedes andere Verkaufsobjekt) investieren ohne sicher zu sein, das Sie fest und ehrlich zum Kauf entschlossen sind.

Deshalb stockt an diesem Punkt oft die Verhandlung und meistens kommt das sogenannte schriftliche offer ins Spiel. Dabei handelt es sich um ein offizielles Kaufangebot vom Käufer, an dessen Erfüllungspflicht beliebige Bedingungen geknüpft werden können. Im White Star-Fall hiess es:

(Der Käufer) wird vom (Verkäufer) die Segelyacht White Star für (xxx)$ gegen sofortige Bezahlung bis spätestens zum (xx.xx.xx) erwerben, falls alle der folgenden Bedingungen erfüllt sind:

1) Der Verkäufer ersetzt die defekten Batterien auf seine Kosten.
2) Der Verkäufer ersetzt den defekten Tiefenmesser auf seine Kosten.
3) Die Antriebseinheit (Motor, Getriebe, Welle etc.) funktioniert ohne Einschränkungen.
4) Der seatrial (das ist die Testfahrt) verläuft zu Käufers Zufriedenheit.

Tauchen bei 3) oder 4) weitere Mängel auf, so kann der Kaufpreis nachverhandelt oder aber vom Angebot zurückgetreten werden. Das Offer erlischt zum xx.xx.xx.

Unterschrift, Datum (Käufer)

Findet Ihr Kauf durch/mit einem der sehr zahlreichen Yachtbroker statt und wird vorher solch ein offer bei dem Broker unterzeichnet, dann wird oft eine bis zu zehnprozentige Anzahlung fällig. Wohlgemerkt, bevor Sie defintiv wissen, ob Sie kaufen werden und mehr noch, bevor Sie wissen, ob der Verkäufer Ihr Angebot überhaupt akzeptieren wird. Diese Anzahlung wird zurückgezahlt, falls der Kauf unverschuldet durch Sie nicht zustande kommt.

Sobald dieses formlose Papier von Ihnen unterschrieben ist, liegt es also am Verkäufer Ihr Angebot offiziell anzunehmen, was oft durch einfaches Gegenzeichnen geschieht. Nun sind beide Parteien zeitlich beschränkt gebunden. Falls alle formulierten Bedingungen erfüllt werden, dann muss der Käufer bezahlen und die Ware abnehmen. Der Verkäufer im Gegenzug muss zum vereinbarten Preis liefern, er darf innerhalb der laufenden Angebotsfrist an niemanden sonst verkaufen. Auch dann nicht, falls er einen höheren Preis erhielte.

Bei uns gab es keinerlei Probleme, alles ging glatt. Greg sorgte innerhalb von zwei Tagen für neue Batterien (Batterien auf Schiffen sind regelrechte, fast immer mehrere Kawentsmänner, die nicht mit einer kleinen Autobatterie zu vergleichen sind) und auch für einen neuen Tiefenmesser. Einen Tag darauf wurde von uns der Motor gestartet, alles mögliche ausprobiert und getestet und schliesslich noch eine halbe Stunde Testfahrt auf dem Kanal gemacht, wo ich wohlweislich Greg den Cäpt´n sein liess. Bedauerlich nur, das ich ihn nicht genauer beim Manövrieren beobachtet habe...

Alles erschien zur Zufriedenheit und Greg bot mir an, sein bis zum Ende des Monats gemietetes und bezahltes Dock nutzen zu können, was sehr gelegen kam. Schliesslich blieb mir damit erspart, das ich *White Star* sofort und ohne weiteres Vertrautmachen bewegen musste.

Dann folgte nur noch die Ausfertigung des abschliessenden Kaufvertrages, die Dokumenten- und Schlüsselübergabe sowie die Bezahlung, die wir direkt in einer Bank vornahmen. Und damit war es tatsächlich geschafft - ich war Schiffsbesitzer geworden! Wir bedankten uns gegenseitig, wünschten einander viel Glück und verabschiedeten uns. Ich fuhr sofort zurück zu *White Star*.

Da sass ich nun tatsächlich auf meiner ersten und wirklich eigenen Segelyacht - und alles in mir kribbelte wie eine Squillion Ameisen. Um ganz sicher zu sein, das es sich nicht um einen Traum handelt, spazierte ich den gesamten Nachmittag auf dem Deck herum, berührte hier ein Seil und dort eine Luke. Ich erwachte nicht.

Das also sollte mein neues Zuhause werden. Palmen vor mir, blauer Himmel über mir, ein wunderschönes Teakdeck unter mir, Wasserstrassen hinter mir. Und überall viele Schiffe. Es gefiel mir sehr gut.

Doch bis zum völlig neuen Leben war noch einiges zu erledigen. Wenn Sie ein Schiff kaufen, dann erwerben Sie ja keine leere Wohnung. Ganz im Gegenteil - vollausgestattet ist sie: Wohnzimmer, Schlafzimmer, Küche, Bad, Kinderzimmer, alles da ab einer gewissen Rumpflänge. Klein zwar, aber vollständig. Im Gebrauchtkauffall sogar mehr als vollständig, weil die Besitzer auch diejenigen

Gegenstände, die man bei einem Hausumzug mitnehmen würde, zurücklassen. Fernseher, Videorekorder, Matrazen und vieles mehr lies auch Greg auf *White Star*. Und ich wollte mich zuhause fühlen. Also wurden erstmal alle irgendwie persönlichen, gebrauchten Einrichtungen weggeworfen und gegen neue Artikel ausgetauscht. Eine neue Matraze für das Bett in der hinteren Kabine, neue Bettwäsche sowieso, neue Duscharmaturen usw. usw.

Obwohl sich das vielleicht aufwendig und teuer anhört - dem ist ausdrücklich nicht so. Zumindest in den USA. Mit wenigen Hundert Dollar und zwei Tagen Aufwand war alles erledigt. Und das Ende der bezahlten Dockzeit kam langsam aber sicher näher.

Der Dockwechsel

Das tropische Fort Lauderdale in Florida ist selbsternannte Yachting Capital der Welt und besteht hauptsächlich aus einigen Bankhochhäusern, ausgedehnten Wohngebieten und unzähligen Wasserstrassen und Bootsliegeplätzen.

Wegen dieser sehr vielen, zum Teil engen und verschlungenen Kanälen nennt sich die Stadt manchmal auch das Venedig von Amerika. Und weil von dieser Umgebung und dem permanenten Hochsommerklima sehr viele Yachten aus den USA und der ganzen Welt angezogen werden, deswegen gibt es folgerichtig unzählige Geschäfte und Betriebe, die irgendwie mit dem Marineleben zu tun haben: Ersatzteil- und Zubehörhändler und -hersteller, Kundenauftragsbetriebe, viele Restaurants mit Docks, damit die Gäste zum Speisen im eigenen Boot kommen können, Schiffstankstellen, Motorenbetriebe, Krananlagen, Marinas und eben Docks.

Nun darf man sich darunter nicht bloss die üblichen bekannten Hafenanlagen vorstellen. Vielmehr gibt es wunderschöne, mehr private Liegeplätze mitten in der Stadt. Die meiner Meinung nach schönsten Docks in Fort Lauderdale findet man am palmengesäumten Las Olas Boulevard. (Nicht nur) Dort wurden schmale Halbinselfinger aufgeschüttet, viele parallel nebeneinander, die auf beiden Seiten des Boulevards im rechten Winkel abgehen. Die kleinen Halbinseln werden Isles oder Inseln genannt, zum Beipiel *Isle of Venice* oder *Hendricks Isle*.

Genau in der Mitte jeder dieser langezogenen Halbinseln verläuft eine einspurige Strasse, eine Sackgasse am Ende. Rechts und links steht eine einzige Häuserreihe. Vor den überwiegend ein- und zweigeschossigen Bungalows befinden sich Parkplätze für die Autos und dahinter die Parkplätze für die Yachten, zahllose Docks nämlich. Einige der Häuser sind privat bewohnt, doch die meisten sind Appartment-Gebäude, in die man sich einmieten kann. Und fast alle Docks hinter den Häusern werden ebenfalls vermietet. Geparkt werden die Schiffe übrigens im rechten Winkel zur Kaimauer, damit mehr hinpassen und folglich die Mieteinnahmen höher sind.

Das Anmieten selbst ist nur eine Minutensache. Der Mietpreis richtet sich nach Rumpflänge und Ausstattung der Grundstücke. Es gibt sehr schöne Anlagen mit Pool und Grill, umrahmt von einem regelrecht tropisch-dichten Urwaldbewuchs aus Palmen, Bananenstauden und Farnen. Andere wieder bestehen aus einfacher Wiese. Manche besitzen Dusche, WC und einen Waschmaschinenraum. Wasser, Strom, Telefon und manchmal auch Kabelfernsehen liegt an fast jedem einzelnen Liegeplatz.

An einem dieser teureren, weil luxuriöser ausgestatteten Docks lag immernoch *White Star*. Das war zwar schön, allerdings völlig wertlos, weil ich die nächsten Wochen das Schiff auf Vordermann bringen wollte und keinesfalls im Kopf hatte, am Pool faul rumzuliegen. Arbeit und nochmal Arbeit war angesagt..es durfte ruhig ein einfaches und billigeres Dock sein.

Die Suche danach ist sehr easy. Man schlendert einfach in Shorts und Badelatschen die Strasse per pedes ab, manche fahren auch, und schaut sich nach interessanten Liegeplatz-Angeboten auf den vielen handgeschriebenen Schildern um. Bei Charlie, einem Appartmenthaus- und Dockbesitzer auf der anderen Seite der Strasse gab es einen gutes Angebot. Seine Docks hatten keine besonderen Mehrwertausstattungen und waren deshalb, für die Citylage, mit $280 pro Monat billig. Wasser und Strom eingeschlossen. Gefallen hatte auch, das die derzeitigen Nachbarschiffe nur geparkt und nicht bewohnt waren, so das eventueller Lärm beim Arbeiten nicht stören würde. Nach 5 Minuten waren Charlie und ich handelseinig und ich spazierte unter dem immerblauen Floridahimmel zu *White Star* zurück.

Am nächsten Morgen kam dann der insgeheim respektierte, sogar ein wenig gefürchtete Augenblick. Der Dockwechsel stand an. Zum ersten Mal, völlig eigenverantwortlich, unerfahren und allein mein Schiff bewegen. Es gab keine Ausrede mehr.

Theoretisch wars ja ganz einfach: Ausparken, 300 Meter geradeaus, eine 180 Grad Linkskurve, wieder 300 Meter geradeaus, einparken. Meine inoffizielle Jungfernfahrt führte lediglich um die kleine Isle herum auf die andere Seite, insgesamt so ungefähr 600 Meter. Dabei ist das Wasser in den Kanälen ganz flach. So flach, das Segelboote mit Kiel aufpassen müssen, nicht auf Grund zu laufen. Fortgeschrittenen, erfahrenen Kapitänen mag das missfallen. Mich beruhigte es ungemein.

Der Stresslevel stieg, als ich unter der heissen Sonne sitzend begann, mir eine kluge Reihenfolge für das unweigerliche Ablegen auszudenken. Natürlich war gerade jetzt die Kaimauer voll von

Yachtbesitzern und anderen Menschen. Musste das unbedingt sein? Können die nicht alle mal schnell verschwinden? Unter jeder Menge kritischer Augen sich als nichtswissender Amateur zu blamieren ist wenig angenehm.

Also erstmal überlegen - womit solls losgehen? Leinen los? Hm. 4 Stück sind da. Welche denn zuerst? Macht es überhaupt einen Unterschied, welches Seil man zuerst losbindet? Dann Motor an? Der Blick fällt auf das dicke, grellgelbe Stromkabel, das den Landstrom ins Schiff bringt, wenn man am Dock liegt. Stop...alles falsch! Zuallererst müssen die Versorgungsleitungen weg! Das wäre bestimmt ein nettes Bild, wenn das Schiff langsam rückwärts aus dem Dock gleitet und plötzlich an Stromkabel und Wasserschlauch zerrt. Die sollten also zuerst an Land gelöst werden. Und als nächstes wird der Motor gestartet. Was würde passieren, wenn alle Leinen los sind und der Diesel springt nicht an? Dann treibt das Boot sonstwohin. Und 9 Tonnen Eigengewicht in Bewegung sind sehr schwierig nur mit Menschenkraft zu bändigen. Na danke.

Insider-Wissen
Das ist ja das Ungewohnte mit den frei schwimmenden Körpern. Sie sind in keine einzige Richtung geführt wie etwa ein Zug von der Schiene oder ein Auto von der Gummi/Strasse Reibung. Jede noch

so kleine Einwirkung von Strömung, Wind, Wellen und anderen Kräften kann den Rumpf in ein leichtes (oder auch starkes) Driften in alle denkbaren Richtungen versetzen. Sogar einfaches An-Bord-gehen oder Laufen-auf-Deck liefert einen sichtbaren Antriebsimpuls an den Rumpf, falls es sich nicht um ein wirklich grosses Schiff handelt, dessen Massenträgheit ein kleines Menschlein nicht überwinden kann.

Also gut. Innen am Hauptschalter den Landstrom abschalten, das Wasserventil schliessen, die Verbindungen am Dock lösen und Kabel und Schlauch auf Deck legen. Nun wird der Motor gestartet. Ein Vierzylinder Perkins Diesel mit 50 PS ist eingebaut. Ein kurzes Rumpeln zieht durch den gesamten Rumpf und geht schnell in feines Vibrieren über. Der Diesel tuckert.

Was jetzt? Noch sind alle Leinen fest, es kann überhaupt nix passieren. Vielleicht *First things first,* wie die Amis sagen. Also am besten erstmal beim Motorthema bleiben. Wird er gekühlt? Auch das funktioniert bei Schiffen etwas anders als beim Auto. Ich steige nach hinten und schaue am Heck nach dem Auspuff. Ja, da kommt Wasser raus. Alles ok also. Das vom Meer angesaugte Kühlwasser eines Schiffsmotors wird nämlich auch zur Auspuffkühlung eingesetzt und zu diesem Zweck einfach in diesen einlaufen gelassen. Und weil es ja irgendwo auch wieder raus muss, hat man sich klug für das Auspuffende entschieden.

Haben wir eigentlich genügend Sprit? Also die steile Treppe wieder nach drinnen. Die zwei Dieseltanks von je etwa 150 Liter Inhalt befinden sich unter meinem Bett in der Achterkabine. Matraze hoch, Abdeckung hoch und da sind sie, die beiden Füllstandsanzeiger. Der Steuerbordtank ist fast leer, der Backbordtank halbvoll. Das sollte doch für ein paar Hundert Meter reichen, oder?

Insider-Wissen
Ein Schiff benötigt etwa 7 bis 10mal soviel Sprit wie ein Auto, gleiche Motorleistung und gleiche Entfernung (aber nicht gleiche Geschwindigkeit) vorausgesetzt. Bei einer Segelyacht kann einem das ziemlich egal sein, schliesslich ist der Hauptantrieb ja als geniale Supersparversion konstruiert. Doch bei grossen Motoryachten können die Spritrechnungen selbst im Benzindiscountland USA interessante Dimensionen annehmen.

Bett also wieder aufbauen. Der Diesel tuckert ruhig im Leerlauf. Wieder oben im Cockpit schalte ich mal kurz die Welle ein und erwische den Rückwärtsgang. Sofort zieht es White Star sanft nach hinten bis die beiden Bugseile spannen. Das funktioniert also auch. Leerlauf wieder rein. Verkehr herrscht im Moment nicht auf dem engen Kanal. Also gut, jetzt wirds ernst.

Die Yacht liegt mit dem Bug nach vorn im rechten

Winkel zur Kaimauer. Rechts und links daneben sind andere Yachten festgemacht. Meine erste Anfängerkapitänaufgabe beginnt also mit dem rückwärts Ausparken eines 9 Tonnen, 11 Meter Monsters aus einer engen Parkbucht mit anschliessender, enger 90 Grad Wende. Wie auf einem überfüllten Kaufhausparkplatz am Samstag vormittag, allein und bei Glatteis sozusagen, weil keine Gummireifen die Yacht in der Spur halten - schon kleinste Bewegungen von Luft und Wasser bringen einen Schiffsrumpf ins Driften. Und Handbremse und Gangeinlegen funktioniert leider nicht.

Wenigstens herrscht gerade keine Strömung durch Ebbe und Flut. Etwas unschlüssig stehe ich auf Deck und schaue mir an, wie und wo die Leinen liegen. Vier Stück sinds immer noch. Vorne und hinten je zwei. Das gibt eine schöne Rennerei auf dem 11 Meter Deck. Die hinteren werden schliesslich zuerst gelöst. Ganz sanft legt sich der Rumpf gegen einen der pilings, das sind die dicken runden Holzpfähle, die senkrecht im Wasser stehen. Wenn jetzt eine andere Yacht oder nur ein kleines Boot am Kanal vorbeifährt, wird White Star nach vorn an die Kaimauer gedrückt, weil sie nichts mehr zurückhält. Alle Seile dieser Welt nehmen nur Zugkräfte auf, bei Druck versagen sie total. Ich laufe nach vorn zum Bug.

„Hm. Wenn jetzt die Bugleinen an den Schiffsklampen (das sind die komisch geformten Haken, um die die Seile zum Festmachen gewickelt werden) gelöst werden…dann ist das Schiff völlig frei. Wie bekomme ich denn dann eigentlich die anderen Enden von der Kaimauer?"

So gehts also nicht. Oder vielleicht doch? Man könnte die Seile vom Bug aus an Land werfen und später abholen? Ja, das würde funktionieren. Allerdings…womit wird dann das Boot am neuen Dock festgemacht, besonders wenn es schnell gehen muss? Also: Erst noch Ersatztaue vorbereiten.

Und dann gilts - *White Star* ist frei. Leider etwas zu frei für meinen Geschmack, denn sofort beginnt sich der Rumpf auf der Stelle zu drehen. Ganz langsam zwar, aber der Bug rückt in bedrohliche Nähe des Nachbarbugs. Was mach´ ich denn jetzt? Hierbleiben? Oder hinter zum Steuerrad? Ich warte bis das Nachbarboot in Greifnähe ist und stosse mich mit beiden Händen ab. Dann stürze ich zum Cockpit. So heisst der Steuerstand, wo sich Steuerrad, Motorbedienung und Kompass befindet. Rückwärtsgang rein, Gas und…Scheisseeee!

Was macht das Boot denn? Anstatt sich schön geradeaus nach hinten in Bewegung zu setzen, beginnt es sofort eine enge Rechtskurve! Kurve allein ist schon falsch, aber nach rechts erst recht! Ich hatte doch vorher kontrolliert, das das Ruder wirklich auf Geradeausfahrt steht!

Gas wieder weg, Gang raus, hinten mit den Händen von dem Piling wegstossen. Das geht allerdings nicht einfach, weil wir uns ja schon bewegen und dran entlang rutschen. Und nun kommt der

Bug schon wieder zu nahe an das Nachbarschiff. Chaos!

Zurück zum Ruder, links bis zum Anschlag. Ganz sachte spürt man eine Reaktion, das Heck schwenkt in Zeitlupe gradweise um. Doch es reicht nicht. Und ausserdem fehlt nun Manövrierraum, weil wir schon zur Hälfte in dem schmalen Kanal stehen. Ich schwitze, nicht nur wegen der brütenden Floridasonne. Also wieder vorwärts. Mist - Ruder steht falsch! Voll zur anderen Seite - und tatsächlich schiebt sich *White Star* nun gaaanz langsam nach vorn.

Wieder zur Hälfte in der Parkbucht starte ich einen neuen Versuch. Rückwärtsgang rein -und sofort nach links gegensteuern. Nun gehts einigermassen geradeaus. Geradeaus! Bei vollem Linkseinschlag! Das Boot macht mich wahnsinnig. Wenn ich auf der Testfahrt nur besser auf Greg geachtet hätte! Erst als ich genervt wieder auf Leerlauf schalte, schwenkt das Heck endlich sachte nach links ein. Und nun erinnere ich mich: Propellereffekt wird das genannt, der sich besonders bei Rückwärtsfahrt bemerkbar macht.

Insider-Wissen
Dieser Propellereffekt tritt auf, weil jede Schiffsschraube nicht nur Schubkraft nach vorn oder hinten liefert, sondern auch eine kleine nach rechts oder links, abhängig von ihrer Drehrichtung: Am besten stellt man sich vor, die drehende Schraube

hätte Grundberührung und würde durch ihre Rotation auf dem Meeresboden wie ein Rad entlanglaufen.
Durch diesen Effekt wird das gesamte Schiffsheck in diese Laufrichtung gezogen. Bei zweimotorigen Yachten wird dieser Effekt durch gegenläufiges Drehen der Schrauben völlig kompensiert, das Manövrieren auf engem Raum ist ein Klacks mit zwei Motoren.
Nahezu alle Rümpfe mit nur einem Motor/Schraube erfordern ein wenig Übung und Erfahrung für Ab- und Anlemanöver.

Nach einigen weiteren Versuchen steht *White Star* dann endlich in der richtigen Richtung mitten im Kanal. Nun also Vorwärtsgang rein und ganz leicht Gas.
Hui! Mein Schiff, *meiiin* Schiff setzt sich in Bewegung und ich, *iiich* stehe am Steuer. Obercool! Aller Stress ist ganz schnell verschwunden: Die Sonne strahlt am blauen Himmel, gedockte Yachten gleiten unter Palmen ganz langsam und zum Greifen nah vorbei, andere Yachties auf der Dockmauer oder auf ihren Decks winken freundlich und meine feuchten Hände drehen oberstolz am verwitterten, aber sehr romantischen Holzsteuerrad. Wenn das nix is, dann weiss ich nicht, was was ist!
    Es geht Richtung Ende der Fingerinsel, wo der Kanal eine 180 Grad Wende macht und auf der anderen Seite dieses Fingers entlang wieder zurück

führt. Nach ein paar Hundert Metern ist die Kehre des Kanals erreicht. Die Kurve ist so eng, das eventuell entgegenkommender Verkehr nicht zu sehen ist. Obendrein steht hier, am Ende der Sackgassenstrasse, ein mehrgeschossiges Appartmenthaus. Ein kurzer Druck auf den richtigen Knopf (nur 2 Versuche) erzeugt einen schönen tiefen Hornton und die Bewohner auf den Balkonen lachen freundlich und winken.

Jetzt in Vorwärtsfahrt reagiert das Boot meisterlich auf meine Ruderausschläge und nach ein paar Sekunden gleitet *White Star* ganz gemächlich in Fussgängergeschwindigkeit wieder in die Richtung, aus der wir kommen, allerdings auf der anderen Seite der Minihalbinsel.

Das neue Dock ist gar nicht einfach zu finden, weil vom Wasser aus erstaunlicherweise alles ganz anders ausschaut als von Land. Doch ich hatte mir beim Anmieten einen Landschaftspunkt gemerkt, der jetzt näherkommt und ich bereite mich geistig auf das Anlegen vor. Da vorn ist schon das leere Dock. Für meine Begriffe, genau wie das eben verlassene Dock, schrecklich eng.

Nun wird es spannend. Gas ganz weg. Tucker-Tucker-Tucker. Noch 10 Meter. Ich schlage das Ruder ein. Mist - zu früh. Und zu schnell. Der Bug zeigt genau auf ein anderes Schiff. Mist. Korrektur. Geht grade noch. Wieder gerade. Nun sieht fast so aus, als ob wir schon vorbei sind. Voller Rudereinschlag. Das Schiff schwenkt herum und plötzlich sieht alles nach einer perfekten Einfahrt aus.

Leider kommt aber die Kaimauer vor uns viel zu schnell nahe. Bremsen! Rückwartsgang rein, Vollgas. Der Diesel heult. *White Star* steht fast sofort - und dreht ihr Heck nach rechts. Schon wieder Chaos. Gas weg, Gang raus. Wir treiben langsam im 45 Grad Winkel rückwärts. Die erste Anfahrt zum Anlegen ist wohl schiefgegangen.

Der Kanal auf dieser Seite der Strasse ist glücklicherweise etwas breiter als der eben verlassene. Da bietet es sich vielleicht an, einen Vollkreis zu drehen, um wieder in eine günstige Einfahrtposition zu kommen? Also Gang wieder rein, kein Gas. Doch der Radius, den das Boot unendlich langsam beginnt ist viel zu gross. So kommen wir nie herum und werden an der Mauer enden! Nur durch einen entschlossenen Gasschub schwenkt der Bug energisch in eine enge Linkskurve.

Insider-Wissen
Aha! Zum wirksamen Lenken muss das Ruder also kräftig angeströmt werden. Tatsächlich hat jedes Ruder null Wirkung bei null Geschwindigkeit Deshalb muss die Richtung des Schiffes vor dem endgültigen Abbremsen genau stimmen (Ausnahme: Zwei Motoren).

White Star läuft in das Dock ein. Obwohl höchstens 4 oder 5 Stundenkilometer langsam, ist das wieder viel zu schnell. Ausserdem reagiert das

Ruder nur noch zäh und mit Verzögerung. Alles nicht so easy. Der Trick besteht darin, kurz vor der Kaimauer bis zum völligen Stillstand abbremsen, ohne das das Heck ausschwingt.

Ok, geschafft, einigermassen zumindest. Jetzt stürze ich an die Reeling (das Geländer rund ums Schiff), um die beiden hinteren Leinen festmachen. Auf der rechten Seite ist das kein Problem, der Piling ist in Greifnähe. Doch was ist auf der linken Seite? Was gerade eben noch so eng aussah, entpuppt sich nun als unerreichbar weit entfernt. Der linke Holzpfahl ist mindestens 2 Meter weit weg. Mit schnell entwickelten Lassowerfkünsten klappt es dann doch.

Allerdings hat sich der Bug inzwischen wieder selbständig gemacht und ist nur noch 10 cm vom Nachbarbug entfernt. *White Star* liegt ganz schief in ihrer neuen Bucht. Ich stürze nach vorn, drücke mit beiden Armen gegen das andere Boot, werfe die vorbereiteten Bugleinen an Land und springe hinterher.

Sollte während Ab- und Anlegemanövern solch vollkommener Beherrschung einmal Wind aufkommen, Strömung oder einfach nur zusätzlicher Bootsverkehr herrschen - dann wirds echt lustig.

Die Arbeit beginnt

Als dann die Segelyacht endlich wieder fest vertäut

ist und die Versorgungsleitungen angeschlossen waren, brach eine aufgeladene Anspannung in Form von Kettenrauchen und Multiliter Cola Trinken hervor. Es dauerte einige Stunden, bis die innere Ruhe vollständig einkehrte und ich mir die weiteren Schritte für mein Projekt überlegen konnte und wollte.

Die nächsten Wochen sollte das Dock nicht verlassen werden, um *White Star* nach meinen Vorstellungen herzurichten. In den vielen Luken und Stauräumen fand sich eine Unmenge an Gerümpel, das sich zum Wegwerfen auf dem Dock bald stapelte. Zwei grosse Berge an alten Kanistern, Holzstücken, verrosteten Werkzeug und wasweisich noch alles verwandelte den Holzsteg bald in eine Art Sperrmüllabhollager.

Am späten Nachmittag stand ich am Dock, genau vor dem Bug von *White Star* vor den Bergen an Gerümpel und überlegte mir "Wohin damit? Dabei fiel mir auf, das alle Festmach-Leinen, die am Mittag noch leicht durchhingen, nun plötzlich gespannt waren wie überdimensionale Gitarrensaiten. Der Klampen vorne links am Bug knackte schon komisch und ich beeilte mich, rundherum an Deck die Leinen zu lockern.

Die Ebbe war gekommen! Sie hatte das Schiff absinken lassen und es dabei „in die Taue gehängt" - weil ich erstens nicht dran gedacht hatte und zweitens auch keine Ahnung hatte, wo der richtige Mittelweg zwischen zu fest und zu lose liegt.

Nach ein paar Tagen intensiver Arbeit war alles Gerümpel entfernt. Alle wasserempfindlichen Einrichtungen wie Polster und Elektronikgeräten wurden danach auf Deck gelagert und ich bewaffnete mich mit Wasserschlauch, Schwamm und Spüli. Und reinigte den gesamten Rumpf der Yacht mit voll aufgedrehtem Wasserschlauch - von innen. Mit voll aufgedrehten Gartenschlauch bin ich eine Stunde durch die gesamte Yachtwohnung marschiert. Dafür ist Florida echt super geeignet. Durch die permanente Hitze ist auch der grosszügige Umgang mit Wasser kein Problem. Und es hat richtig Spass gemacht.

Nach weiteren drei Wochen waren viele der lackbedürftigen Holzoberflächen mit traumhaft glänzendem Bootsklarlack überzogen und es ergaben sich spiegelglatte und spiegelglänzende Oberflächen. Ein Traum, kann ich Ihnen sagen. Von Tag zu Tag verwandelte sich *White Star* ein kleines Stückchen weiter in eine ausgesprochene Schönheit.

Auch sonst hatte ich mich nun niedergelassen. Ein Postfach bei der nahegelegenen Poststelle war angemietet, ein Handy hatte ich ja sowieso, die Stereoanlage funktionierte und mein treues Siemens Notebook lief auch. Sehr schön wohnlich und auch gemütlich war es im Schiff geworden.

Damit wuchs allerdings auch stetig der Drang, nun endlich mit dem eigenen Schiff mal unterwegs zu sein. Nur kurz, ohne Experimente, einfach um es das erste Mal gemacht zu haben. Und natürlich nur unter Motor. Für die noch nicht vorhandenen Segelkünste war es mir einfach zu früh. Mutig entschlossen sollte es richtig aufs Meer, vor die Küste von Fort Lauderdales Sandstrand gehen.

Der Weg zum offenen Meer führt mitten durch Fort Lauderdale. Über viele Wasserkanäle, die mir, vom Wasser aus grösstenteils unbekannt waren, unter zwei Zugbrücken der Las Olas Boulevard und der S.E. 17th Street hindurch direkt in das Hafenbecken des Port Everglades, den Hafen von Fort Lauderdale. Von diesem Hafenbecken aus gibt es einen direkten Meereszugang oder inlet, wie sie es hier nennen, vor die Küste. Ausgebaggert, sehr tief und gar nicht so breit wie man vermuten würde. Natürlich herrscht dort permanenter gewerblicher und privater Schiffsverkehr. Das Ende dieses Kanales schneidet vorn die Küstenlinie und dann ist man auf dem offenen Meer. Ich wollte einfach für ein paar Stunden ein bischen vor der Küste herumschippern und dabei das Boot besser kennenlernen.

Vor der Ausführung dieses Planes war allerdings noch einiges zu tun: Ein gewisses Sicherheitsgefühl sollte vorhanden sein und die Technik sollte funktionieren. Der richtige Weg durch die Kanäle musste klar sein, sie mussten tief genug sein, um nicht auf Grund zu laufen. Und ich musste herausfinden, wie man die Zugbrücken dazu bewegt, den Autoverkehr anzuhalten und schliesslich aufzugehen, damit der Mast von White Star durchpasst.

Los gings mit der Technik, und zwar zunächst mit jener, die ich für überlebenswichtig hielt. Den eingebauten Urängsten folgend - es bleibt einem ja schliesslich keine andere Wahl - interessierten zuallerst und in höchstem Maße die sogenannten Bilgepumpen. Das sind diejenigen Pumpvorrichtungen in Schiffen, die das Schiffsinnere leerpumpen können, wenn irgendwas schiefgeht oder sonstwie Wasser reingelaufen ist. Weil Wasser immer nach unten fliesst und auch von unten abgepumpt wird, heissen sie Bilgepumpen. Bilge heisst nämlich der unterste, innere Teil des Rumpfes.

Es gibt viele verschiedene Ausführungen dieser wichtigen Pumpen und jedes Schiff hat gleich mehrere davon. Bezeichnend, nicht? *White Star* hatte eine handbetriebene und zwei elektrische. In die Handbetriebene muss ein grosser Hebel gesteckt werden, der dann ausdauernd hin und her geschwenkt wird. Ich persönlich halte von den handbetriebenen nicht viel, obwohl sie natürlich, zumindest theoretisch, die letzte Rettung sein können. Immerhin funktionieren sie ohne jede Technik, man braucht keinen Strom und nichts. Wer sich allerdings mal mit Zahlenwerten beschäftigt hat, findet schnell heraus, das der Versuch mit einer Handpumpe eine Yacht über Wasser zu halten, ein ziemlich hoffnungsloses Unterfangen ist.

Dann gibts die elektrischen Pumpen. Zwei davon, beide vom Schaltpanel an der Wand gegenüber des Kartentisches einzuschalten, surrten munter vor sich hin. Getestet wurden sie schon, als ich den gesamten Innenraum mit dem Gartenschlauch abgespritzt hatte. Danach stand das Wasser in der Bilge unter dem Fussboden ungefähr 10 cm hoch und das musste ja irgendwie wieder raus. Beide hatten einwandfrei funktioniert - wenn auch kräftig Batteriestrom gesaugt.

Trotzdem - Bilgepumpen kann man nie genug haben! Eine weitere elektrische sollte es noch sein. Man weiss ja nie. Und weil mir das noch immer nicht sicher genug schien, sollte es noch eine andere, elektrizitäts-unabhängige sein. Wie macht man das?

Hm. Schönen Diesel haben wir an Bord. Der soll gefälligst auch was tun. Ich spannte den Kühlkreis ein, der das Wasserpumpen ja ohnehin gewöhnt ist. Ein T-Ventil in den Ansaugschlauch eingebaut, und mit einem Rüssel in die Bilge versehen. Wenn der Motor läuft, konnte man dann ganz einfach durch Drehen am Ventil die Wasserzufuhr von draussen nach drinnen umschalten und das Bilgewasser wurde durch den Auspuff weggepumpt. Wenig Gas - langsames Pumpen, viel Gas - schnelles Pumpen. Hat gleich genial funktioniert. Allerdings ist diese Lösung nur für einen Notfall gedacht, weil das Bilgewasser selten sauber ist, und die Motorwasserpumpe auf Verschmutzung allergisch reagiert. Aber wie gesagt - im Notfall klasse. Falls der Motor noch läuft.

Getankt habe ich dann noch, mit Kanistern, weil ich vor dem Anlegen an der Schiffstankstelle zuviel Respekt hatte. Ein Ölwechsel wurde gemacht, die beiden Funkgeräte getestet und der Anker ausprobiert. Jetzt konnte es eigentlich losgehen.

Die Jungfernfahrt

Der wunderschöne Morgen des ersten ernstzunehmenden Auslaufens war gekommen. Nach Dusche und Frühstück (hier gibts sogar Nutella) spielte ich unter blauem Himmel bei 29 Grad um 8.30 Uhr mit dem noch gestern abend gekauften GPS-Empfänger (Satellitennavigation) herum. Hat bloss $130 gekostet, während sich die Super-Sonderangebote in Europa für exakt das gleiche Gerät mit 600-800 Mark anpreisen. Das Ding sieht wie ein Handy aus und ist wirklich sehr einfach zu bedienen. Es zeigt die Richtung, Geschwindigkeit und Position an. Genial.

Durch die verschlungenen Kanäle von hier bis zum Hafenbecken sind es 3 Meilen. Seemeilen übrigens. Das hört sich vielleicht weit an, ist es aber gar nicht. Und der Weg führt mitten durch die schönsten Stadtteile von Fort Lauderdale, so das ein tolle Stadtbesichtigungstour vom Wasser aus gleich mit eingeschlossen ist. .

Insider-Wissen
Die Meile ist ja schon für uns vom Dezimalsystem verwöhnten Europäer ein suspektes Ding. Doch es wird noch ein bischen komplexer. Da gibt es nämlich die sogenannte Landmeile - und die Seemeile. Das ist nicht dasselbe! Ein Landmeile entspricht 1,6 km, eine Seemeile aber 1,8 km!

Kurze Zeit darauf tuckert der Diesel und ich löse die Leinen. Diesmal weiss ich, wie das Ablegen besser geht und habe auch etwas weniger Bedenken. Am Schiff bleiben die Bugleinen jetzt fest, ich gehe von Bord, löse die Leinen an Land, werfe sie auf das Vorschiff und gehe wieder an Bord. Hat fast schon souverän ausgesehen.

Das Ausparken klappt jedoch noch nicht richtig, ich benötige zwei Versuche. Dann sind wir im Kanal, den wir das erste und einzige Mal vor ein paar Wochen befahren haben, allerdings in die andere Richtung. Wieder um die Kehre herum, und gleich darauf links abbiegen anstatt geradeaus - und schon sind wir im grösseren Zubringerkanal zum Intracoastal Waterway, der dann verschlungen durch Fort Lauderdale direkt zum Port Everglades führt.

Die glitzernde, ruhige Wasserfläche vor dem Bug, die strahlende Sonne, der tiefblaue Himmel ohne jede Wolke, die vielen Traumvillas hinter Palmen und das beruhigende leise Tuckern des Dieselmotors -puttputtputt- machen sich bemerkbar - es riecht ganz stark nach Paradies.

Allerdings sieht dieser Kanal hier plötzlich so verdammt breit aus. Wenn jetzt irgendetwas passiert, was soll ich dann machen? Am Schiff bleiben, ans rechte Ufer, oder vielleicht ans linke zu schwimmen versuchen? Ach, was weiss ich! Jetzt wollen wir uns mal nicht zu verrü...BOOONG!! BOOONG!! BOOONG!!

Ein lautes, mechanisches Schlagen durchdringt den gesamten Rumpf. Jedes EKG-Gerät hätte seine helle Freude an mir. Gas weg, das Geräusch wird seltener. Gang raus. Kein Geräusch mehr. Gang wieder rein, das Geräusch ist wieder ist da. Ich schalte den Motor ab. Stille.

Mitten auf dem Wasser. Ohne Antrieb. Was würden Sie tun? Warnblinkanlage einschalten und Handbremse anziehen geht nicht. Misstrauisch schätze ich die Entfernung zum gleichzeitig rettenden und gefährlichen Land und glaube, es ist genug Zeit, einmal schnell nach unten zu gehen und nachzusehen. Das Geräusch war drehzahlabhängig. Also Motorraumklappe in der Küche auf, Licht an, viele Blicke hier und dorthin - absolut nichts Aussergewöhnliches zu sehen.

Wo dreht sich denn noch was? Mir fällt die kleine Bodenluke im Schlafzimmerfussboden ein, unter der sich das Wellenlager und die Stopfbuchse befindet. Ab ins Schlafzimmer und erst mal Blick durchs Fenster nach draussen. Ok, noch weit genug weg von den Kaimauern. Bodenklappe auf - und da ist der Übeltäter! Ein uralter Schraubendreher, verrostet und verbogen bis zur Unkenntlichkeit und wahrscheinlich vor Urzeiten hier vergessen, hat sich an den Flanschen der Schraubenwelle verfangen und schlägt nun bei jeder Wellenumdrehung gegen den Rumpf.

Noch ein Blick aus dem Fenster, immer noch genügend Sicherheitsabstand, grosse Zange holen und Überbleibsel des Schraubenzieher mit Gewalt entfernen, während der leicht schaukelnde Fussboden klarmacht, das wir nicht auf sicherem Land sind. So einfach wars. Aber der Schreck sitzt in allen Knochen.

Die erste Situation ist also überstanden. Leichte Zweifel tauchen im Kopf auf. Weiterfahren oder zurück? Nix gibts - das ziehen wir jetzt durch! Nur aus Erfahrung lernt man schliesslich. *White Star* nimmt wieder langsame Fahrt in Richtung der Einmündung in den Intracoastal auf. Noch 200 oder 300 Meter vielleicht.

Misstrauisch beäuge ich seit dem Ablegen den Tiefenmesser. White Star hat einen Tiefgang von 5,5 Fuss. 5,5 Fuss von der Wasserlinie bis zur Unterkante des Kiels. Die Digitalziffern zeigen 18. Das ist ok. Vor dem Ablegen hatte ich auf die örtliche Seekarte geschaut. Darauf war nichts problematisches vermerkt. Beim nächsten Blick sind es 16 Fuss. Ein kleines Schlauchboot fährt vorbei. 11. Mann! 11 Fuss. Nee, jetzt sind nur noch 9. Was geht denn hier ab? Gas weg, 7 Fuss. Gang raus. Treiben. 6 Fuss. 6 Fuss! Geschwindigkeit fast null. 6 Fuss. Was jetzt? Geradeaus? Rechts? Oder mehr links versuchen? Zum Steuern müsste ich Gas geben. Hm. Keine besondere Idee mit zuwenig Wasser unter dem Kiel. Also bleibt nur Richtung halten. Zwei Jetskis rasen vorbei. Ihre Heckwellen schieben *White Star* ein wenig weiter nach vorn. Tiefenmesser: 21 Fuss! Wow, Steilküste unter mir.

Später, wieder zurück am Dock, werden mir erfahrene Skipper über eine kleine, nicht in den Karten verzeichnete Untiefe im Kanal erzählen, die „...hier aber jeder kennt." Recht haben sie, jetzt kennt sie auch der Unerfahrendste von allen, der diese kleine Untiefe im breiten Kanal perfekt getroffen hat. Wie der berühmte Autofahrer in der Sahara, der an den weit und breit einzigen Baum fährt...

Nun mündet der Kanal in den Intracoastal Waterway und ich muss nach rechts abbiegen.

Insider-Wissen
Rechts und links sind natürlich nicht gerade die gebräuchlichen Richtungsausdrücke auf dem Wasser. Backbord (links) und Steuerbord (rechts) heisst es korrekt. Da Sie wahrscheinlich nicht an diese Ausdrücke gewöhnt sind und trotzdem Freude durch flüssiges Lesen haben sollen, nehmen wir

einfach die allgemein verständlichen Worte. Gemerkt habe ich es mir übrigens schliesslich mit Steue*rrr*bord=***Rrr***echts.

Der Intracoastal Waterway (ICW) ist ein teils natürlicher, teils ausgebaggerter Kanal parallel zu fast der gesamten Ostküstenlinie der USA. Hier in Florida und besonders in Südflorida verläuft er ganz nah an der Meeresküste, die an manchen Stellen in nur 100...300 Metern sichtbar ist, innerstädtisch durch alle Küstenorte. Dadurch ist er „natürliche" Grenze für die "...Beach" Bezeichnung. Westlich des ICW heisst eine Stadt nämlich zum Beipiel Miami, östlich davon Miami Beach. Ist ja auch irgendwie logisch.

Jedenfalls wird der ICW im dichtbesiedelten südlichen Florida alle paar Meilen, in den Städten noch öfters, von Strassenbrücken überzogen, die entweder sehr hoch gebaut sind oder aber sich öffnen lassen, damit auch grössere Schiffe und Segelboote mit ihren hohen Masten drunter durch passen.

Mit dem Einbiegen in den ICW sehe ich jetzt die erste dieser Zugbrücken, die Las Olas Drawbridge, zum ersten Mal vom Wasser aus in 400 Meter Entfernung vor mir. Die Wasseroberfläche ist nicht mehr so ruhig wie in den Seitenkanälen und der Bootsverkehr hat schlagartig zugenommen. Die dadurch erzeugten Wellen lassen die Yacht das erste Mal, zumindest mit mir, ganz nett schaukeln, als wir durch die Heckwelle eines flotten Speedboates fahren.

In einem kleinen Häuschen an der Brücke sitzt ein Brückenwärter, den man auf Kanal 9 anfunken muss und dann schön artig um die Öffnung der Brücke bittet. Das klingt etwa so: „Sailboat White Star for Las Olas Bridge operator. Good Morning. We are heading South with a request for a bridge opening."

Wenn der Brückenmeister meint, das man ausreichend nett war und ausserdem schon nah genug heran ist, dann wird er verschiedene Knöpfe in seinem Häuschen drücken worauf die Ampel für die Autos auf rot schaltet, die Schranken niedergehen und schliesslich sich die Brücke im Zeitlupentempo öffnet.

Allein an Bord, musste ich wieder das Steuerrad verlassen, um nach unten zum Funkgerät zu gehen. Durch die nicht zu leugnende Nervosität, in einer führerlosen Yacht frei auf dem jetzt unruhigen Wasser und diversen Strömungen zu sein, fiel der Funkspruch ein wenig hektisch aus. Der nette Brückenwärter hats aber verziehen und tatsächlich fingen die beiden Brückenhälften an sich zu öffnen. White Star glitt auf die Durchfahrt zu, die wirklich verflucht eng ist. Enger als der engste Kanal. Nur mit Müh und Not passen zwei Yachten nebeneinander durch, weshalb das gern vermieden wird. Und ausserdem schwenken die beiden Brückenhälften nicht einmal vollständig in die Vertikale, sondern bleiben vorher schräg stehen. Sie können mir glauben, so oft habe ich noch nie zuvor nach der Mastspitze geschaut.

Aber - es hat geklappt. Von weit unten auf Deck sah es zwar so aus, als ob nur wenige Zentimeter fehlen, aber wenn man mal als Autofahrer vor der geöffneten Brücke halten musste und andere Segelboote beim Durchfahren beobachtet hat, dann weiss man, das die Mastspitze noch viel Platz hat.

Kaum durch die Brücke hindurch, schliesst sie sich schon wieder und man befindet sich im mondänen Teil von Fort Lauderdale. Hier stehen keine Wohnhäuser sondern Paläste in Reih und Glied, die sämtlich zweistellige Millionenpreise kosten. Und dahinter, hier vom Wasser aus heisst es natürlich davor, liegen die Privatyachten. Yachten von Dimensionen, die *White Star* höchstens als ein kleines Beiboot erscheinen lassen. Und das ist keineswegs übertrieben.

Der Intracoastal Waterway schlängelt sich durch die Stadt und gerade wenn man denkt „Aha, da vorn ist das Weisse Haus" (da steht tatsächlich eine ausladende Immobilie, die dem Präsidentensitz in Wasshington sehr ähnelt), macht er einen weitgezogenen Linksknick und man blickt auf die zweite Zugbrücke an der Einfahrt zum Hafenbecken des Port Everglades in 500 Meter Entfernung. Der Schiffsverkehr ist nochmals stärker geworden. Dauernd kommen die verschiedensten Boote und Schiffe entgegen oder von hinten auf. Allerdings handelt es sich dabei nahezu ausnahmslos um Privatyachten, hier existiert nur wenig gewerblicher Verkehr.

Vor der näherkommenden Zugbrücke wimmelt es von Schiffen, die alle möglichst sofort hindurch wollen. Das liegt zum einen daran, das diese Brücke regelmässig alle halbe Stunde öffnet, im Gegensatz zur eben passierten. Zum andern liegt hier die einzige Wasserausfahrt Richtung Meer und Miami für viele Meilen. Die Boote stauen sich regelrecht auf beiden Seiten der Brücke und das macht die ganze Sache nicht ungefährlich. Dauernde Wellen durch passierenden Bootsverkehr -Motoryachten bis zu einer gewissen Grösse passen ja durch die geschlossene Brücke- und ungefähr alle sechs Stunden ein starker Flut- oder Ebbestrom machen das Stillstehen nicht einfach. Da Rückwartsfahren oft nicht besonders gut funktioniert wie Sie schon wissen, drehen gar nicht wenige Segelyachten ganz gemächlich permanente grosse Vollkreise über die gesamte Kanalbreite. Eine Art Warteschleife wie bei den Flugzeugen.

Wenn dann die Brücke endlich öffnet, kommt es manchmal zu einem Gedrängel wie auf dem Schulhof. Als ich es das erste Mal sah, konnte ich nicht fassen, das ausgewachsene Menschen als Schiffsführer so ungeduldig sein können und solche Risiken eingehen. Da wird gedrängelt, gequetscht und zur Seite gedrängt, das sich die Balken biegen. Weil dieses Schauspiel mit Gegenverkehr stattfindet

-von jeder Seite wollen Yachten durch die Brückeund weil es durch den regen Autoverkehr durch die Brückenöffnungen zu vielen Staus kommt, ist dieser Ort zur Zeit auch noch Baustelle. Eine grössere, viel höhere Brücke, die nicht mehr so oft öffnen muss, wird gebaut. Da stehen riesige scharfkantige Stahlträger aus dem Wasser, Schwimmkräne ankern und und und. Wiedermal - ein Chaos.

Doch nach fünf bis zehn Minuten ist der Spuk vorbei und die Richtung Meer auslaufenden Yachten haben sich im grossen Hafenbecken verloren. White Star dümpelt in der Beckenmitte, in jeder Richtung erscheint das Land unendlich weit entfernt. Ich bin wieder unentschlossen. Soll ich wirklich? Raus aufs Meer? Irgendwie traue ich mich im Moment ja nicht einmal, den Motor auszuschalten. Toller Segler bin ich. Flugsaurier sind am Himmel zwar weit und breit nicht zu entdecken. Aber was heisst das schon? Diese Biester kommen ja einfach, wann immer es ihnen gerade gefällt...

Also gut, Kurs Hafenausfahrt. PuttPuttPutt. Die Bugspitze zeigt zum offenen Meer. Diese Hafeneinfahrt ist ein tief ausgebaggerter Kanal mit niedrigen Mauern auf beiden Seiten. Links stehen Hochhäuser mit zahlreichen Eigentumswohnungen und auf der rechten Seite befindet sich ein Erholungspark. Einige Angler stehen dort auf den aufgeschütteten Wellenbrechern aus grossen, rohen

Steinen. Und plötzlich schlägt die Stimmung um.

Mitten in der palmengesäumten Hafenausfahrt. Peilung offenes Meer. Strahlend blauer Himmel. 33 Grad mittlerweile. Nur in Shorts und Käppi auf dem Kopf hinter dem eigenen Steuerrad. Türkisfarbenes Wasser unter dem Kiel, das vorn am Horizont in azurblau übergeht. Aus unbekannten Gründen ist von einer Sekunde zur nächsten aus Unsicherheit und Angst vor Neuem ein unbeschreibliches Glücks- und Freiheitsgefühl geworden. 3 Meter neben der Bordwand platscht ein Pelikan ins Wasser und taucht gleich wieder mit seinem Fang im Maul auf. Fast glaube ich, er grinst mich schelmisch an, so etwa wie „Na, hastes endlich kapiert?"

Eine Meile vor der Hafeneinfahrt stehen zwei Bojen, die ich mir als Steuerpunkt nach Norden, also ungefähr parallel zur Küste, ausgesucht hatte. *White Star* beschreibt ein grosse Kurve und läuft parallel zum Sandstrand von Fort Lauderdale, von dem nur noch ein schmales, goldgelbes Band zu erkennen ist. Der Diesel brummt gleichmässig und schiebt das Boot mit 5 Knoten durch die riesige tiefblaue Fläche, die scheinbar nur für mich allein existiert.

Insider-Wissen
1 Knoten (kn) ist die Geschwindigkeit, die 1 Seemeile in einer Stunde schafft, also 1,8 Stundenkilometer.

Alle Bedenken sind fortgeblasen. Das Radio spielt *Highway Star* von *Deep Purple*. Fast passend, doch eindeutig zu leise! Hier kommt es nicht auf millimetergenaues Steuern an und ich gehe nach unten, um die Musik lauter zu stellen. Wie sich gleich darauf zeigt, gefällt Rockmusik auch Delphinen, besonders wenn sie laut ist.

Wieder auf Deck angekommen kreuzen nämlich zwei glänzend-graue Delphine mit lustigem Geschnatter und dem typischen Grinsen auf ihrem Gesicht den Bug. Die muss ich begrüssen. Ich stelle das Steuerrad fest, es hat für diesen Zweck eine kleine Feststellbremse eingebaut, und gehe vor. Ganz nach vorn, auf den Ausleger, auf die vorderste Spitze.

Nur kleine, dünne Teakbretter trennen mich vom unter mir durchrauschenden Wasser. Der Bug tanzt spürbar auf und ab, und jedesmal beim Eintauchen rauscht es und spritzt warmes Seewasser auf mich. Die beiden grossen Delphine tauchen wieder auf, legen sich leicht auf die Seite, um mir in die Augen schauen zu können und begrüssen mich als neuen Meeresbewohner mit ihrem lauten, lustigen Schnattern. Oh Mann, das müssen Sie selbst erlebt haben...

Und ewig lockt das Weib...

Gerade war ich im schönsten Begriff, mich an

mein neues, total freies Leben auf einer Yacht zu gewöhnen und nichts weiter als die reinen Freuden jedes einzelnen Tages an mich ranzulassen, als eines Abends das Telefon unten in der Kabine schon irgendwie unheilsvoll klingelte. Eine Susan meldete sich. Wer ist denn das? Nach kurzer Pause fiel mir die junge Frau aus der Bibliothek am Nebencomputer ein.

Mir war absolut nicht klar was sie wollte, denn wir hatten uns ausser den paar Minuten in der Library und später kurz bei ihrem bootsverkaufenden Bekannten weder gesehen noch gesprochen. Sie fragte all diese uninteressanten und belanglosen Dinge, die man halt so fragt, wenn man eigentlich was ganz anderes fragen will. Schliesslich wollte sie wissen, ob ich bei meiner Bootssuche in der Zwischenzeit fündig geworden war. Was ich bejahen musste. „Oh really, Congratulations! What do you think, would you like to show it to me?" Also ganz ehrlich - ich hatte keine Lust. Überhaupt keine.

Weil Sie mich jetzt aber für verrückt halten und ich Ihre Gedanken schon damals vorhersehen konnte, entriss ich mir notgedrungen ein „Ja, gerne." Sie sind schuld!

Ich lud Susan also für übermorgen ein, und die beiden nächsten Tage vergingen erst einmal mit dem Lackieren des Piraten-Steuerrades, wie ich es nannte, weil es so wunderbar antik und abenteuerlich aussah. Diese Aufgabe stellte sich als langwieriger wie angenommen heraus. Wer nämlich hier wie ich denkt, mit ein paar Pinselstrichen des schönen Bootsklarlackes sei es getan - Denkste! Die erste Schicht des Lackes wurde vom ausgebleichten Holz aufgesaugt wie von einem eingetrockneten Schwamm und verschwand spurlos. Nichts. Gar nichts blieb sichtbar zurück. Insgesamt waren - ich hab genau mitgezählt - 11(!) Lackschichten notwendig, bis mein Piratensteuerrad endlich in einem bernsteinfarbenen Zauberglanz erstrahlte. Die viele Mühe wurde durch tolles Aussehen und das einhellige Lob aller Bootsnachbarn mehr als belohnt.

Gegen 17.00 Uhr kam dann tatsächlich Susan. Wunderschön, anmutig und natürlich, das muss man objektiverweise zugeben, kam sie freudig winkend und schnurstracks zum *White Star* Liegeplatz gelaufen. Ich beschäftigte mich gerade am Bug mit der Ankerkette, das Handy steckte in der Brusttasche, weil ich heute schon dreimal wegen dem Ding runter in die Kabine rennen musste, und winkte zu ihr zurück.

Nun ist das Betreten eines Schiffes vom Dock aus nicht immer ganz einfach. Die mit weissem Kunstoff ummantelten Stahlseile der Reeling vorn beim „Einstieg" waren zwar entfernt, so das man einfach an Bord laufen konnte - wenn nicht gerade Flut herrschte. Allerdings stand gerade das Wasser sehr hoch und White Stars Deck befand sich ungefähr einen Meter über dem Dock. Unter diesem Umständen ist es ohne Leiter nicht easy, eine elegante Figur beim An-Bord-gehen zu machen. Ich antwortete Susan ein nicht sonderlich interessiertes „Permission granted" für ihren Boarding Wunsch und beugte mich hinab, um ihr die Hand für den Aufstieg zu reichen.

Dabei entdeckte das in der Brusttasche gefangene Handy eine der selten wiederkehrenden Fluchtmöglichkeiten und nutzte sie schamlos aus. Das Ding machte sich aus dem Staub wie ein Blitz. Es rutschte einfach aus der Hemdtasche. Nach unten. Ins Wasser. Ich bin mir eigentlich sicher, das Handys im allgemeinen sehr wasserscheu sind und es sich deshalb um die unüberlegte Tat eines sehr verzweifelten Telefons gehandelt haben muss. Vielleicht aus Eifersucht. Dennoch - als es im Wasser mit der Gemütsruhe und dem Stil des fallenden Blattes an einem windstillen Tag in die Tiefen der Lauderdaler Kanäle verschwand, meinte ich ein hämisches Grinsen zu sehen. Und dann wars weg.

Da war der Beweis: No Woman, No Cry! Ich habs ja immer gewusst. Und falls Sie jetzt denken „..Aha, damit ist die Geschichte klar! Susan arbeitet bei AT&T, besorgt ein Ersatztelefon, die beiden kommen darüber zusammen und es folgt eines dieser langweiligen Happy-Ends.." - nein, sorry, Susan arbeitete nicht bei AT&T. Vor allem interessierte mich überhaupt nicht, wo sie arbeitete.

„Jetzt sei nicht so ein Muffel!"

„Bin ich gar nicht!"

„Bist Du doch!"

Na gut, vielleicht haben Sie Recht. Aber zu meiner Entschuldigung muss ich anbringen, das das Gespenst mit dem ausgefallenen Namen immer dann in meinem Kopf herumspukte, sobald irgendein weibliches Wesen auch nur in Sichtentfernung kam. Da kann ich ja wohl nix dafür! Und Susan sah halt schon verdammt weiblich aus. Was sollte ich denn da machen? Weihwasser und Silberkugeln vielleicht?

Es dämmerte. Wir beendeten gerade unseren kleinen Rundgang durch mein Schiff, von dem Susan offensichtlich sehr angetan war. So sehr, das sie gleich mehrere Vorschläge machte, was man ändern und umstellen könnte, um mehr Platz oder sonstwas zu bekommen. Sehr interessant. Bloss wusste ich nicht, wo der war, den das interessiert. Gesagt habe ich natürlich nix -ich versprechs- sonst hätte ich mir ja wieder Ärger mit Ihnen eingehandelt.

Jedenfalls haben wir uns dann oben ins Cockpit neben das glänzende Piratensteuerrad gesetzt, das ihr auch sehr gut gefiel. Am aufgeklappten Cockpittisch, jeder eine eiskalte Cola aus dem Kühlschrank vor sich, machten wir es uns bei abendlichen 28 Grad bequem. Die Musik lief unten im Bauch des Schiffes und Susan erzählte irgendwas.

Mittlerweile war es dunkel geworden und ich erinnerte mich an die sogenannten Spreaderlights, die ich nie zuvor ausprobiert hatte. Spreaderlights sind kleine Scheinwerfer an den seitlich abstehenden Auslegern hoch oben am Mast. Diese Lichter strahlen nach unten auf das Deck und sollen dieses schummrig beleuchten, ohne zu blenden und ohne die Nachtsichtfähigkeit des Auges zu stören. Ich schaltete die kleinen Scheinwerfer unten an der Schalttafel ein - wodurch sich die Atmosphäre des *White Star* Decks schlagartig in eine romantische Lasterhöhle verwandelte. Als ich das erkannte, war es allerdings schon zu spät um wieder auszuschalten. Susan hatte sich sofort von oben gemeldet und ihre Meinung kundgetan. Es gefiel ihr gut. Diese Weiber!

Und dann machte ich den Fehler des Abends. Ein leichtes Hungergefühl war nämlich mittlerweile aufgetaucht und wieder oben angekommen fragte ich meinen Besuch höflich, ob sie Lust auf eine Pizza hätte, die man zur Anlieferung bestellen kann. Natürlich hatte sie. Der folgende gedankenverlorene Griff zum Handy ging aus bekannten Gründen ins Leere, worauf Susan verschmitzt lächelte, ihr eigenes Telefon aus der Tasche hervorkramte und es mir über den kleinen Mahagoni-Tisch reichte. Wir bestellten zwei Pizzen zur *White Star* an Dock 6 auf der Isle of Venice.

Dieses Abendmahl war ruckizucki da. Schon eine Viertelstunde später kam der Bringer, fand unser Dock, überreichte 2 Pizzakartons vom Durchmesser eines Autoreifens - und eine Flasche Rotwein. Ich protestierte sofort: „Habe ich nicht bestellt...bezahle ich nicht...diese Mini 1-Liter Flasche passt sowieso nicht zur Pizzagrösse...da verdurstet man ja unterwegs..." Doch das Unglück liess sich nicht mehr abwenden. Als der freundliche Anlieferer endlich zu Wort kam erklärte er, das die Werbeaktion dieser Woche bei zwei Pizzenbestellungen eine Flasche Rotwein gratis enthält. Ich war sämtlicher Argumente beraubt.

In der Zwischenzeit hatte Susan ausserordentlich flink und eindrucksvoll bewiesen, das sie ein schlaues Kerlchen mit gutem Gedächtnis ist. Als ich nämlich mit vollen Händen zum Cockpittisch zurückkehrte, hatte sie schon Besteck und Servietten aus der Küche geholt. Und Rotweingläser, dieses Biest.

So nahm das Schicksal seinen Lauf. Unter dem funkelnden Sternenhimmel, ohne eine einzige Menschenseele um uns herum, nur ein paar laut erzählende Papageien in den Palmen, verspeisten wir die Pizzen, tranken Rotwein dazu, die verfluchte Radiomusik wurde immer langsamer, die Weinflasche immer leerer und die Stimmung immer lockerer. Ich begann sogar, Susan irgendwelche Sachen zu fragen, die sie alle gern und ausführlich beantwortete. Es entwickelte sich ein richtiges, nie zuvor dagewesenes zweiseitiges Gespräch.

Ohne es auch nur im Mindesten beabsichtigt zu haben, hatte ich, oder meinetwegen wir, einen romantischen tropischen Abend mit schmusiger Hintergrundmusik und unter Alkoholverstärkung konstruiert.

Nach einer Stunde, so richtig satt und sitt (das ist ein wirkliches Wort, habe ich gelernt, und bedeutet „satt" fürs Trinken) entdeckten wir dann eine echte Gemeinsamkeit zwischen uns: wir fanden es nämlich furchtbar warm. Ich weiss gar nicht mehr wer auf die Idee kam, das Susan es sich unter diesen Klima-Umständen etwas bequemer machen könnte und sich ihres unnötig engen Tops entledigt. Jedenfalls waren wir beide in gleichem Mass von dieser Idee begeistert und natürlich habe ich ihr dabei geholfen. Das wunderschöne Bild ihrer blanken, braungebrannten Haut und der perfekt geformten Brüste unterm Sternenhimmel machten schnell auch mein Hemd völlig unnötig. Irgendeine geheimnisvolle Macht musste offensichtlich eine darin versteckte Schnellheizung eingeschaltet haben. Natürlich half Susan mir auch beim Ausziehen. Nett is sie ja schon, gell?

Nur Minuten später schauten wir uns nocheinmal die Achterkabine von innen an. Unten war es fast noch wärmer als oben und bald flogen auch noch die letzten winzigen Stoffstücke in die Ecke. Nahtlos braungebrannt und mit kleinem schwarzen Dreieck stand sie im schummrigen Licht vor mir. Ihre Beine anmutig leicht gespreizt, das Gesicht eine einzige Freude.

In der kleinen Kabine knisterte es wie bei einem Jahrhundertgewitter und eine Nanosekunde später räkelten wir uns engumschlungen auf dem grossen

Bett. Es wurde eine sehr lange und seeeeehr schöne Nacht. Ab und zu fuhr draussen ein Boot vorbei und kurz darauf schaukelte *White Star* dann immer ganz sanft. Das MÜSSEN Sie mal probieren!

Ankern über dem Korallenriff

Mit dem Morgen kam eines dieser ganz besonders schönen Erwachen. Zum ersten Mal seit langer Zeit blickte ich noch vor dem Aufstehen in ein Paar andere, freundliche Augen. Susan streckte und dehnte sich gerade, sie schien im Yachtbett sehr gut geschlafen zu haben und auch nichts an diesem Zustand ändern zu wollen. Sie grinste mich kurz an, verschloss ihre Augen wieder und legte sich auf mich drauf, nur um sich sofort total zu entspannen und alle viere von sich zu strecken.

Irgendwann fiel ihr Blick auf den Wecker, sie schreckte hoch und murmelte etwas von „...zu spät...ins Büro..muss anrufen.." und taumelte schlaftrunken zu Ihrer Tasche im Salon. „Wie macht die das bloss, sich am ersten Morgen in traumwandlerischer Sicherheit auf und in diesem Schiff zu bewegen und scheinbar immer genau zu wissen, wo etwas zu finden ist?"

Der Sommer in Florida war wettermässig bisher ungewohnt ruhig verlaufen. Üblicherweise geht in den Sommermonaten fast jeden Tag am frühen

Nachmittag ein starker Regenguss für etwa eine Stunde nieder. Manchmal gibt es auch eine kleine Hurricanwarnung.Doch dieser Sommer war mehr als perfekt.

Susan kam zurück und erzählte freudestrahlend, sie hätte sich für heute freigenommen. Kurzentschlossen wollten wir die Gelegenheit nutzen und zusammen auslaufen, um vor der Küste Fort Lauderdales in aller Ruhe zu ankern.

Ungefähr 1,5 Kilometer vor dem Sandstrand hat die Stadt mehrere öffentliche moorings eingerichtet. Dafür wurden schwere Zementblöcke versenkt, an denen eine starke und lange Kette befestigt ist, die oben an der Wasseroberfläche von einer kleinen, kugelrunden und strahlendweissen Boje getragen wird. Das Ganze dient dazu, den Yachties ein Festmachen genau über dem Korallenriff zu ermöglichen, ohne das Anker geworfen werden muss und dadurch vielleicht das Riff mit der Zeit zerstört würde. Besonders an den Wochenenden sind die public moorings ein beliebtes Ziel, die zum Tauchen, Angeln oder einfach relaxen einladen, wenn das Meer ruhig ist, und das ist oft der Fall. Und die einzelnen moorings sind relativ weit voneinander entfernt, jeweils ungefähr 200 Meter und man kommt sich auch dann nicht in die Quere, wenn Hochbetrieb herrscht. Doch heute war Donnerstag, es sollte draussen also nicht viel los sein.

Nach dem Wachwerden, Duschen und Frühstücken begann ich die Ablegevorbereitungen und erklärte Susan kurz die wichtigsten Dinge wie Funkgerät und Motorsteuerung, damit auch sie im Falle eines Falles das Notwendigste wusste. Und dann gings auch schon los.

Im berüchtigten Rückwärts Ausparken hatte ich inzwischen einige Fertigkeiten durch viele selbstverordnete Übungsstunden erlangt. Ein ganzer Tag rein und raus in den Liegeplatz im 5-Minutenrhythmus hatte einen gewissen Erfahrungsschatz erzeugt. Der Trick geht folgendermassen: Um mit dem blöden Propellereffekt fertig zu werden, muss dem Schiff in ganz kurzer Zeit ein möglichst grosser Rückwärtsimpuls erteilt werden und sofort danach die Antriebskraft wieder vollständig weggenommen werden.

In der Praxis heisst das: Leinen los, Rückwärtsgang rein, Vollgas für eine oder zwei Sekunden und gleich darauf wieder in den Leerlauf schalten. Der Rumpf bewegt sich nun nach hinten -ohne störenden Propellereffekt- und das Ruder zeigt Wirkung. So klappts ganz gut. Vorteilhaft ist es, wenn der Motor für dieses Manöver schon warm ist. Aber man sollte ihn sowieso immer ein paar Minuten vor dem Leinen-los-Manöver laufen lassen.

Bei einer dieser Übungen ist übrigens ein Missgeschick geschehen, das sehr schön deutlich macht, mit welch grossen, unsichtbaren Kräften sich ein Schiff bewegt - auch wenn es noch so langsam ist: Die Fender (das sind die aussen am Rumpf an

Seilen herunterhängenden grossen Kratzschütze aus mit Luft vollgepumpten Plastik in Ball- oder Zigarrenform) blieben beim Üben der Einfachheit halber einfach draussen hängen. Meistens sind die Halteseile der Fender einfach um die Reeling geschlungen, doch einer davon war direkt an einem der senkrechten Stahlstäbe (stanchions in engl., keine Ahnung, wie die in deutsch heissen), durch die die Reelingsseile laufen, angebunden. Diese senkrechten Metallrohre sind, wie fast alles Metall an Deck, aus rostfreiem dickem Edelstahl gefertigt, die einiges vertragen müssen. Ein Mensch, der nicht gerade Arnold Schwarzenegger heisst, hat keine Chance sie auch nur leicht zu verbiegen. Auch dann nicht, wenn er mit Gewalt daran geworfen wird. Schliesslich sollen sie ja vor dem Überbordfallen schützen.

Und bei einer der Übungseinfahrten ging es sehr knapp zu, *White Star* glitt viel zu weit rechts in ihre Parkbucht - nur haarscharf am senkrechten dicken Holzpfahl vorbei. So knapp, das der Fender nicht zwischen piling und Rumpf durchpasste. Er klemmte sich vor den piling, während das Schiff unbeirrt langsam weiter vor in die Parkbucht glitt. Das Halteseil spannte sich und gab nicht nach. *White Star* auch nicht. Der dicke piling sowieso nicht. Und so wurde das starke Edelstahlrohr um 90 Grad einfach runter bis zum Deck gebogen, als wäre es aus Kaugummi!

Das Ablegen an diesem Morgen klappte gut und

White Star setzte sich behäbig unter dem sanften Tuckern des langsam laufenden Diesels im engen Kanal in Bewegung. Nur 5, 6 Meter entfernt auf der linken Seite gleiten die Bungalows mit ihren Palmenwäldern, swimming pools und den Privatdocks vorbei und auf der rechten Seite, fast zum Greifen nah, ziehen die zahlosen Hecks der überwiegend schneeweissen Yachten vorüber.

Das Wetter ist wie immer traumhaft und heiss. An der grossen Colaflasche, eben noch eiskalt aus dem Kühlschrank geholt und auf den Cockpittisch vor dem Steuerrad gestellt, perlen bereits zahlreiche Tropfen an Kondenswasser herunter und der Inhalt erwärmt sich spürbar. Kühlender Fahrtwind tritt bei den niedrigen Geschwindigkeiten kaum auf und selbst die wenige Bekleidung, Shorts und Käppi auf dem Kopf bei mir und Bikini bei Susan, scheint viel zuviel. Susan hat es sich ganz vorn am Bug bequem gemacht und lässt ihre Beine runterbaumeln. Es gefällt ihr sehr, das kann man spüren bis hierher.

Trotzdem, oder gerade deswegen, macht sie mir einiges Kopfzerbrechen. Ich wollte keinesfalls in irgendeine Beziehung reinschlittern, und genau das scheint von Stunde zu Stunde schwieriger zu werden. Diese verdammten Neuronen in meinem Kopf machen mit mir, was sie wollen. Ohne zu fragen.

Susan erweist sich als mitdenkende, grosse Hilfe. Tatkräftig hat sie die Fender nach dem Ablegen eingeholt, fragt vor der Las Olas Drawbridge von allein, ob sie die anfunken soll und ist auch sonst die Aufmerksamkeit in Person, sobald irgendetwas zu tun ist.

Wir erreichen schliesslich die Hafeneinfahrt von Port Everglades und steuern raus aufs Meer. Der gewerbliche Schiffsverkehr ist heute stark und in einer Art Vorahnung bitte ich Susan vom Bug zurückzukommen ins Cockpit. Kaum sind wir in der Kanalausfahrt, vor uns ein riesiger Frachter und hinter uns gleich noch einer, beginnt das Spektakel. Die Bug- und Heckwellen der grossen Transportschiffe und des entgegenkommenden, einlaufenden Schiffsverkehrs überkreuzen sich und werden obendrein von der Kaimauerseite reflektiert zurückgeworfen. Es bilden sich Kreuzwellen von erheblicher Höhe, denen nicht auszuweichen ist und White Star fängt äusserst ungemütlich an, in jede Richtung zu schaukeln wie ein wildgewordenes Karusell. Die Mastspitze schlägt wie ein Pendel um 4 bis 5 Meter aus.

Das gefällt mir ganz und gar nicht. DieWellen werden sogar noch grösser, als der Frachter vor uns anscheinend mehr Gas gibt. Wenden kommt hier unter keinen Fall in Betracht, das halte ich für zu gefährlich mit den grossen Wellen und einem Riesenschiff genau im Rücken. Als White Star eine besonders grosse Welle direkt von der Seite in die Rippen bekommt und sich tierisch zur anderen Seite neigt, poltert es unten im Rumpf laut los. Wir schauen uns erschreckt an und Susan macht sich sofort auf den Weg nach unten, während ich am Steuerrad bleiben muss. Sie hat grosse Mühe, die steilen Stufen runter in den Salon zu gehen, ohne sich irgendwo kräftig anzuschlagen. Ein Rodeoritt ist nichts dagegen. Bange Sekunden vergehen für mich oben, während ich hektisch überlege was wohl passiert sein kann und wie wir reagieren müssen.

Da taucht ein schelmisch grinsendes Fotomodellgesicht von unten am Niedergang auf, ich glaube es einfach nicht, wie cool sie ist. Susan schreit mir entgegen, das bloss die Kühlschranktür aufgesprungen ist und 4 Liter Orangensaft fröhlich über den Teakfussboden fliessen. Ausserdem ist der Fernseher den ewig geltenden Gravitationsgesetzen gefolgt. Ich weiss nicht, ob ich mich nun freuen oder ärgern soll, aber ihr strahlendes Gesicht macht alles klar.

Der lustig-freche Wuschelkopf verschwindet wieder in die nun wahrscheinlich nicht besonders heimelige Wasserwohnung und kurz darauf passieren wir die Strandlinie, wo aller Wellengang von einem Meter zum anderen wie weggeblasen ist. Als ob ein böser Traum zuende ist, liegt die Meeresoberfläche plötzlich sehr ruhig da und *White Star* tuckert mit 6 Knoten durch das blaue Wasser, auf dem höchstens 30cm Wellen ruhig tanzen. 10 Minuten später gibt die Boje das Signal zur Kursänderung nach Norden, wir lassen endlich die Frachtschiffe hinter uns und Susan taucht wieder auf und teilt unbeschwert mit, das ich mir keine Sorgen machen soll, sie hätte alles schon sauber-gemacht und aufgeräumt. Sogar der Fernseher hat es ausser einem Kratzer am Gehäuse gut überstanden. Ich kann einfach nicht anders und gebe ihr einen langen Kuss.

Wir tuckern parallel zu Floridas Küste. Nun bin ich schon seit vielen Wochen Segelyachtbesitzer und bin noch kein einziges Mal gesegelt! Ob vielleicht jetzt der Moment gekommen ist? Wenig Wellen, noch wichtiger - wenig Wind, und zu zweit an Bord. Gute Gelegenheit.

Susan möchte auch mal steuern und übernimmt stolz das Piratensteuerrad. Ich gehe nach vorn und schaue mir nochmals genau und neugierig das roller furling des Frontsegels an. Eine interessante und bequeme Konstruktion: Anstatt die riesigen, unhandlichen Segeltücher jedesmal hoch und runter zu ziehen, ist das Frontsegel auf dem Stahlseil, das vom Bug hoch zur Mastspitze verläuft, einfach aufgewickelt wie eine Aluminiumfolienrolle aus der Küche. An der letzten Segelspitze ist eine wuchtige, chromglänzende Öse eingelassen, an der zwei dicke Seile festgeknotet sind. Zieht man an einem dieser Seile, dann wickelt sich ganz einfach das grosse Segel auf, wie die Folienrolle. Ganz unten am Segel befindet sich eine Seiltrommel, aus der ein anderes, etwas dünneres Seil heraushängt. Zieht man an dem, dann wickelt sich das Segel wieder schön auf. Das ist sogar einfacher wie die Aluminiumrolle, denn da geht das Aufwickeln meistens schief und man endet mit einem unförmigen, knisternden und unschönen Etwas.

Auch bei dieser Konstruktion gibt es natürlich einige Dinge zu beachten. Zum Beispiel muss man bei stärkerem Wind aufpassen, das sich das Segel nicht nach wenigen Zentimetern Herausziehen durch die Windkraft verselbstständigt und wuchtig und mit hoher Geschwindigkeit von allein vollständig ausfährt. Dabei sind schon Unfälle durch das blitzschnell und mit hoher Kraft einlaufende Rückholseil geschehen und sogar Yachten gekentert, weil der Wind für die gesamte Segelfläche viel zu stark war und das Boot umgeworfen hat. Deshalb ist es wichtig, das Herausziehen zu kontrollieren, indem man das Rückholseil nicht frei laufen lässt, sondern eben kontrolliert.

Doch der heutige schwache Wind und die Verstärkung durch Susan an Bord machen den Tag zum geeigneten Erstversuchs-Tag. Das erste Mal das Frontsegel setzen. Und nur das. An das Hauptsegel, das ist dasjenige hinter dem Mast, getraue ich mich noch nicht, weil es schwieriger aus- und einzupacken ist und ich nicht weiss, ob ich schon mit beiden Segeln gleichzeitig zurecht komme.

Ich lege mir beide Seile nach hinten zum Cockpit zurecht, wickele beide Seile um je eine Trommel einer Winsch und stecke die Kurbel oben in den Chromzylinder, mit dem das Segel ausgezogen werden soll. Noch mal Kontrolle durch Zug am Rückholseil - das funktioniert. Und los gehts. Eine gigantische weisse Leinwand rollt sich vor unseren Augen langsam auf, versperrt zum Teil die freie Sicht nach vorn und bläht sich sehr bauchig auf. Die äussere Segelecke befindet sich ausserhalb der Reeling. Obwohl doch nur ein leichter Wind im Segel steht, ist es bereits unmöglich, das Auszugsseil mit reiner Armkraft weiter zu spannen. Ich wickle das Seil um zwei weitere Windungen um die Winschtrommel und beginne zu kurbeln. Langsam und mit dem Knackgeräusch aus der Winschtrommel wie bei ein Fahrradfreilauf kommt die hintere Segelecke näher - und *White Star* wird schneller. Sie legt sich leicht in den Wind und rauscht nur so durch die kleinen Wellen. Ein Traum wird wahr! Schliesslich steht das grosse Segeltuch prall gespannt bis hinter dem Mast, das Auszugsseil ist gespannt wie eine Gitarrensaite und *White Star* zischt durch das blaue Wasser.

Insider-Wissen

Viele Segler machen eine Wissenschaft aus der richtigen Segelspannung und -stellung oder sind sich unsicher dabei. Beides ist unnötig. Es existiert eine schöne und einfache Faustregel, die perfekt funktioniert: Nach dem kräftigen Spannen wird das Segel soweit nachgelassen, bis sich erste, kleine

Falten im Tuch zeigen. Dann stop, wieder ein winziges Stück ranholen - und alles ist ok.

Bitte haben Sie besonderen, gehörigen Respekt vor allen Seilen, die auf einem Segelboot unter Spannung stehen. Es treten teilweise immense Zugkräfte auf, die einen Finger wie nichts abschneiden können oder fähig sind, andere Untaten anzurichten. *White Star* fährt unter Genoa (das vordere Segel) bei mittlerem Wind genauso schnell wie unter dem Diesel Motor. Daraus folgt, das das Segel eine Leistung von rund 50 PS entwickelt. Diese 50 PS stecken in den Seilen, an denen Sie arbeiten!

Susan und ich strahlen uns an. Sie steht immer noch stolz und konzentriert am Steuerrad. Ich schalte den Motor ab. Wir gleiten in absoluter Ruhe durch die azurblaue, wie ein Meer von Diamanten glitzernde Atlantikoberfläche. Ausser dem Rauschen der Bugwelle und einigen kreischenden Möwen ist nichts zu hören. So etwas Schönes, Eindrucksvolles haben wir beide wahrscheinlich noch nicht erlebt. Als dann noch ein Delphin vor dem Bug springt, ist Susan ganz aus dem Häuschen.

Ich frage mich leise, ob wir nicht vielleicht alle beide innerlich gegen eine drohende Gefangennahme kämpfen. Ihr süsser Charme und ihr liebevolles, direktes Wesen scheint mich ungewollt in einen geheimnisvollen Bann zu ziehen. Und *White*

Star, oder zumindest das Schiffsleben im Allgemeinen scheint Susan ganz ähnlich zu umzingeln, so engagiert, interessiert und natürlich ist sie dabei.

Jetzt müssten eigentlich die Bojen in Sichtweite kommen. Ich schnappe mir das Fernglas und halte Ausschau nach den kleinen weissen moorings, die sich hier irgendwo befinden müssen. Und tatsächlich, noch ein Stück vor uns ist der erste kleine weisse Punkt inmitten der riesigen blauen Fläche zu sehen. Jetzt ist er wieder weg. Und nun wieder da. Die Bojen tanzen in den Wellen.

10 Minuten später wird der Motor gestartet und ich rolle das Segel mit der Rückzugsleine wieder auf. Die erste Boje tanzt 300 Meter vor uns. Auf dem Vorderdeck liegt ein Seil und der Bootshaken bereit. Wir fahren eine grosse Kurve, ganz langsam mit dem Bug gegen die Wellen, an die Boje heran. Genauso langsam wie eine Einfahrt in das Dock - und es klappt tatsächlich beim ersten Mal.

Der Bug steht für kurze Zeit direkt vor der Boje, die etwa so gross ist wie zwei Fussbälle, still. An diesen Bojen ist ein starkes, allerdings kurzes Seil festgemacht, dessen anderes Ende einfach im Wasser schwimmt. Susan fischt dieses Ende mit dem Bootshaken nach oben und ich laufe nach vorne, weil sie weder das Schiff halten kann noch den richtigen Knoten beherrscht. Schnell ist das Schiffstau mit dem Bojentau fest verbunden und gleitet vom Deck ins Wasser. Die verknoteten Seile spannen sich, *White Star* richtet sich an den kleinen

Wellen aus und steht mit dem Heck zum knapp 2 Kilometer entfernten Sandstrand von Fort Lauderdale genau über einem Korallenriff in 35 Fuss Tiefe. Wir schalten den Motor ab.

Insider-Wissen
Anfangs bin immer ehrfürchtig zurückgewichen vor den Yachties mit ihren theoretischen Kenntnissen über zehntausend verschiedene Seemannsknoten. Vergessen Sie alles davon. In der Praxis benötigen sie drei, vielleicht vier verschiedene Knoten und das wars. Mit einen Nachmittag Üben haben Sie die drauf.

Susan und ich lehnen nebeneinander an der hinteren Reeling, die hier am Heck aus starken, glänzenden Edelstahlrohren anstatt aus Stahlseilen besteht und schauen nach unten ins Wasser. Das Meer ist glasklar und 12 Meter unter uns ist der Meeresgrund gut zu erkennen. Steine, Korallen und viele kleine bunte Fische sind zu sehen. Eine grosse Wasserschildkröte schwimmt gemächlich unter dem Rumpf durch. Und um uns herum ist nichts. Kein Boot weit und breit. Badende vom Strand natürlich erst recht nicht, dazu sind wir viel zu weit draussen. Und die Sonne knallt.

Das Radio spielt flotten Pop, wir entledigen uns unserer wenigen Klamotten, holen kaltes Ginger Ale aus dem Kühlschrank und legen uns mit ein paar Handtüchern auf das flache Vordeck nebeneinander zum Sonnen.

Schon nach 10 Minuten unter der grellen Sonne bilde ich mir ein zu spüren, wie die Haut bräuner wird. Schläfrig hebe ich leicht den Kopf an und blinzle im grellen Licht an mir hinunter. Susan liegt mit geschlossenen Augen total entspannt neben mir. Sogar jetzt, flach auf dem Rücken liegend, sind ihre Brüste perfekt geformt und schaukeln im Takt der Schiffsbewegungen ganz leicht hin und her. Wahnsinn! Gerade als ich meinen Kopf wieder faul zurücklege, tastet ihre linke feingliedrige Hand genauso schläfrig langsam nach mir und findet bald ihr Ziel. Die Reaktion lässt nicht lange auf sich warten und Susan beginnt zärtlich zu massieren, während sich gleichzeitig ihre tiefbraunen langen Schenkel langsam und räkelig sperrangelweit öffnen. Ich drücke ihr einen langen zärtlichen Kuss unter ihr kleines, schwarzes Dreieck und sie stöhnt sanft und langanhaltend auf, während ihr ganzer Körper fein vibriert. Wir lieben uns auf dem auf und ab schaukelnden Bug unter freiem Himmel mit der Gemächlichkeit von Faultieren. Eine sehr intensive und innige Erfahrung.

Allerdings ist auch das Sonnenlicht, das von der Meeresoberfläche nochmals stark reflektiert wird, sehr intensiv. Normalerweise überhaupt nicht hautempfindlich, spüre ich schon ein leichtes Spannen auf Brust und Rücken. Wir gehen bald nach unten zum Duschen und bereiten ein paar

Sandwiches vor. Dann überkommt uns eine schwere, nicht sehr überraschende Müdigkeit, die von langer Nacht, frühem Aufstehen, sehr stressiger Kanaldurchfahrt, Sex auf dem Vordeck, dem Essen und der Dauerhitzeeinwirkung herrührt. Wir werfen uns nebeneinander aufs Bett in der Achterkabine und schlafen beide sofort ein.

Als sich Stunden später meine Augen schläfrig wieder öffnen, schaukelt *White Star* weit stärker als vorher. Sie zerrt an ihrer Bugleine, es platscht und plätschert um das Schiff herum und der Wind ist im Mast zu hören. Susan liegt auf dem Bauch und schläft immer noch. Es ist kurz nach fünf am Nachmittag und ich wundere mich, das es draussen gar nicht mehr richtig hell ist. Plötzlich quäkt das auf Standby geschaltete Funkgerät krächzend los:

„Weather advisory! Weather advisory! Heavy Thunderstorms and rain from the West are expected by late afternoon in the Fort Lauderdale and Miami area. Wind gusts up to 35 miles per hour and 6 to 9 foot seas are expected. All small craft are advised to stay in shelter."

Waaas? Ich springe vom Bett auf und schaue aus der kleinen Seitenluke der Kabine auf das Meer nach Westen. Oh mein Gott! In 3 oder 4 Kilometer Entdernung ist der Himmel schwarz. Total schwarz. Vereinzelte Blitze zucken und nicht einmal die Horizontlinie ist zu erkennen.

Ein typisch tropisches Sommergewitter hat uns erwischt. Hektisch reisse ich die nackte, total verschlafene Susan vom Bett auf und rattere wie ein Maschinengewehr runter, was sie tun soll: Alle Luken schliessen und sichern, herumliegenden Kram in Schränke verstauen, alle Türen schliessen oder mit den Sicherungshaken befestigen und dann sofort nach oben kommen, während ich mir die Shorts überstreife und nach oben stürze, im Vorbeirennen am Kartentisch noch das GPS greifend.

Zündschlüsseldrehung. Motorstart. Herumliegende Leinen auf Deck festmachen. Bootshaken vom Vorderdeck verstauen. Den Hauptsegelbaum über dem Kopf nochmals nachzurren und das GPS einschalten. Der Himmel vor uns sieht mehr als bedrohlich aus, starker Wind kommt in Stössen auf und die Wellen sind kurz und hoch geworden, das Deck schwankt entsprechend. Susan erscheint oben und sieht den schwarzen Himmel. Ihre Blicke sprechen Bände. Ich laufe vor zum Bug um die Halteleine zu lösen. Es ist unmöglich das Schiff gegen die Wellen ein kleines Stück vor zu ziehen, um den Knoten auf den Bug zu bekommen und zu lösen.

Ich schwanke zurück zum Cockpit und erkläre Susan, wie sie kurz vorfährt und gleich wieder auskuppeln muss. Das klappt, der Diesel kämpft setzt sich gegen die Wellen durch, Susan kuppelt genau im richtigen Moment wieder aus, ich löse den Knoten, verliere kurz den Boden unter den Füssen, weil der Bug gerade in ein Wellental fällt, werfe das Bojenseil wieder zurück und binde das Bugseil mit dem Ende einfach an die Reeling an, damit es nicht ins Wasser fallen kann. Mittlerweile steht die schwarze Wand knapp vor uns, der Wind ist nochmals stärker geworden, er heult schon im Mast und die Meeresoberfläche rund um uns herum ist übersät mit weissen Schaumkronen. Zum Glück ist es trotzdem nicht kalt, denn in regelmässigen Abständen spritzt Gischt auf unsere Körper und Gesichter und bald sind wir klitschnass.

Ich renne fast zum Cockpit, kuppele ein, gebe Gas - und nach drei Sekunden erfolgt ein lautes RUMMS!, der Motor steht. Ich bin aus Blödheit oder weil der Wind und die Wellen die Boje treiben, zu nah an die Unterwasserkette gefahren und der Propeller hat sie sich geschnappt. Sofort treiben uns die Wellen Richtung Strand, der allerdings noch weit entfernt ist.

Neuer Startversuch. Wir sind schon 20 oder 30 Meter weg von der mooring getrieben worden. Der Motor springt glücklicherweise sofort an und auch das Einkuppeln funktioniert. White Star macht einen grossen Bogen um die nur alle paar Sekunden sichtbare Boje und beginnt den Heimatkurs Richtung Port Everglades Einfahrt. Ob Welle oder Propeller etwas abgekriegt haben? Bis jetzt scheint alles normal zu funktionieren und ich gebe richtig Gas. Mit nahezu Vollgas kämpft sich *White Star* quer zu den Wellen und entsprechende wild schaukelnd durch das aufgewühlte Meer.

Die ersten dicken fetten Regentropfen fallen. Regentropfen von einer Grösse, aus denen man woanders ganze Regen machen könnte. Sie platschen mit einer Wucht aufs Deck, das man fast an Hagel erinnert ist. Wir sind eh schon klitschnass, es ist egal. Ich bin dankbar das es hier so warm, ja heiss ist. Andernfalls wären diese Umstände nicht zu ertragen. Die undurchdringliche Wand liegt exakt vor dem Bug, wir fahren direkt in sie hinein. Die beiden grossen Orientierungsbojen eine Meile vor der Hafeneinfahrt von Port Everglades sind nicht mehr zu sehen. Nun bricht der Regen mit voller Wucht los und lässt in jede Richtung höchstens 15 Meter Sicht. Die Meeresoberfläche mit ihren grossen Wellen, die sich teilweise schon hier draussen brechen und dabei einen langen weissen Schaumteppich legen ist in eintöniges Dunkelgrau übergegangen. Der Kompass zeigt uns zwar die Richtung, aber mehr nicht. Weder weiss ich, ob die gesuchte Boje rechts oder links von uns ist, noch ob wir vielleicht langsam, aber sicher seitlich zum Strand driften, während mir das Wasser in Strömen über das Gesicht läuft, grelle Blitze zucken und der Donner genau über uns grollt.

Susan sitzt ruhig neben mir im Cockpit und versucht, sich auf der wild schaukelnden Sitzbank zu halten. *White Star* schwankt in jede denkbare Richtung bedenklich. Nervös beobachte ich den Tiefenmesser immer dann, wenn das Schiff sich für einige Sekunden im Wellental oder auf der Welle oben drauf befindet, weil sonst die digitalen Ziffern zu schnell umspringen und ein Ablesen nicht möglich ist. Auf dem Cockpittisch rutscht das schwarze Kunstoffgehäuse des GPS-Empfängers hin und her. Er hat vorhin, kurz nach dem Einschalten tatsächlich die nötigen vier verschiedenen Satellitensignale gefunden, ein bischen herumgerechnet und zeigt seitdem zuverlässig und stetig Geschwindigkeit, sowie die Richtung und Position des Schiffes in dem kleinen, nur streichholzschachtelgrossen Display an.

Doch ohne Karte kann ich mit den Positionsangaben der Längen- und Breitengrade in Grad, Minute und Sekunde nichts anfangen. Susan springt auf und holt die örtliche Seekarte vom Navigationstisch nach oben. Ich lese die Position der ersten Boje ab - dann ist die Karte auch schon klitschnass und liegt wie die berühmten flüssigen Uhren von Salvatore Dali über dem Cockpittisch. Es ist nicht mehr sehr weit bis zur Hafeneinfahrt. Doch wir müssen ein wenig weiter nach Osten, weg von der Küste, und ich drehe ein paar Grad am Steuerrad. Leider habe ich dabei einen dummen Denkfehler gemacht, wie sich bald herausstellen wird.

Wir bewegen uns wie zwei im wahrsten Sinne des Wortes begossene Pudel quasi blind auf dem aufgewühlten Wasser, während der Wind zieht und fortwährend Gischt über uns spritzt. Die Sicht ist in Wirklichkeit eine Unsicht, schon kurz vor dem Bug ist Sendepause. Da taucht genau vor dem Bug ein grasgrünes, 3 Meter hohes Stahlmonster auf, vielleicht 8 oder 9 Meter vor dem Bug. Ich erschrecke mich zu Tode. Die Boje - und wir halten genau darauf zu. „Scheisse" brüllen und das Steuer mit aller Gewalt nach links drehen ist eins. Haarscharf schrammen wir daran vorbei und ich denke sofort daran, das auch diese Boje ja irgendwie auf dem Meeresgrund besfestigt sein muss. Ich bete, das keine Kette in der Nähe unseres mit Vollgas laufenden Propeller fällt.

Der Denkfehler bestand natürlich darin, die genaue Kartenposition der Boje als Zielpunkt für das Schiff anzunehmen. Vielmehr wäre etwas weiter rechts oder links richtig gewesen. Obwohl jedes zivile GPS einen absichtlich eingebauten, zufälligen Fehler von ca. 100 Meter aufweist, hatte es uns diesmal exakt an die richtige, oder besser von mir verschuldet falsche Position, geführt. Murphy. Eindeutig.

Innerlich einigermassen beruhigt, insgesamt unbeschädigt und endlich wieder in ruhigem Wasser des Hafenbeckens kommen wir dann schliesslich vor der 17th Street Brücke an. Zu unserer Freude hat sie gerade geöffnet und wir können noch mit durchschlüpfen.

Kurz hinter der Brücke, auf den inneren Kanälen von Fort Lauderdale, verwandelt sich die allgemeine Erleichterung erstaunlicherweise in totale Lebensfreude. Bei diesem Hundswetter und noch dazu am Wochentag haben wir Fort Lauderdales Kanäle nur für uns - im warmen Prasselregen tanzen wir auf Deck und freuen uns über die tolle Natur. Das Anlegemanöver zuhause am Dock wird ein riesiger Spass im Regen, der flutscht als hätten wir beide nie etwas anderes gemacht in unserem Leben.

Nach dem Duschen sitzen wir unten im Salon, es ist richtig heimelig bei Kerzenlicht und schöner Musik in dem Mahagoni- und Teakraum zu sitzen, während der Regen mit dem Deck Stakkato-Schlagzeug spielt. Es war ein toller Tag. Später am Abend fährt Susan nach Hause, um, wie sie sagt, Arbeit für morgen vorzubereiten. Wir verabreden nichts und ich weiss nicht, was ich darüber denken soll.

Das erste Mal unter vollen Segeln

Am Morgen schien wieder die Sonne am blauen Himmel, als sei nichts gewesen und mein erster noch verschlafener Blick fiel durch die Dachluke über mir, auf die sich leicht im Wind wiegenden, sattgrünen dichten Kokospalmenwedel der genau am Dockrand stehenden Palmen.

Nachdem das erste Mal Segel setzen gestern so gut geklappt hatte wollte ich heute mehr lernen und ausprobieren und zum ersten Mal unter Vollbesegelung fahren. Aufgestanden, geduscht und gefrühstückt war schnell erledigt. Angezogen natürlich erst recht, denn mehr wie die Shorts überstreifen, die Füsse in die Badelatschen stecken und, vielleicht, ein T-Shirt über den Kopf ziehen ist hier nicht notwendig.

Nach der gestrigen Motorfahrt wurde noch Öl und Diesel kontrolliert und dann der Motor gestartet. Stromkabel und Wasserschlauch hatten wir beim Anlegen im Regen gar nicht angeschlossen - schliesslich ist ein Schiff ein in gewissen Grenzen autarkes System und kann durchaus einige Zeit ohne fremde Versorgung auskommen.

"Leinen los" wurde langsam ein vertrautes Routinemanöver, an das man nicht allzuviel Gedanken verschwendet. Ich schaltete den Rückwärtsgang ein während der Motor im Leerlauf lief und sofort begann ein tierisches Poltern, das durch Einschalten des Leerlaufs gleich wieder verschwand. Auch ein neuer Versuch änderte nichts. Ich war an den alten verrosteten Schraubenzieher erinnert, legte missmutig wieder an und kontrollierte den Wellenflansch. Leider war es diesmal nicht so einfach - dort war alles ok.

Nach weiteren Überlegungen und Versuchen die alle nichts Neues zu Tage brachten, wusste ich nicht weiter. Das laute schlagende Geräusch entstand jedesmal beim Einschalten des Rückwärtsganges, jedoch nur bei langsamer Drehzahl. Es verschwand mit mehr Gas und im Vorwärtsgang war gar nichts zu hören, weder langsam noch schnell.

Was glauben Sie, was es war? Mir fiel das gestrige Einfahren in die Bojenkette mit drehendem Propeller ein und hielt deswegen eine durch den Schlag gelöste Wellenmutter für möglich. Dadurch könnte der Propeller auf der Welle hin und herrutschen und dieses schreckliche Geräusch verursachen. Aber wie sollte ich das rauskriegen? Normalerweise würde man einfach vor der Küste ankern und mit dem Schnorchel mal unter den Rumpf tauchen. Doch mit der Angst, den Propeller eventuell unterwegs zu verlieren, wollte ich keinen Meter mehr fahren. Zu einer der vielen kleinen Marinas fahren, um *White Star* mal kurz aus dem Wasser heben zu lassen, kam deshalb genauso wenig in Betracht.

Sclliesslich bestellte ich vom Telefon am Autoparkplatz einen der gewerblichen Taucher, die sich zu Hunderten in den Gelben Seiten anpreisen.

Dabei wurde mir auch gleich wieder schön bewusst, das ich ein neues Telefon benötigte. Also gings anschliessend zu einer AT&T Niederlassung, wo ich die Geschichte meines flüchtigen, wohl eifersüchtigen Handys genau so, wie sie passiert war erzählte. Die nette und zuvorkommende Dame im modernen Verkaufsraum begann mit einem Schmunzeln und lachte sich dann halbtot. Ihr Namensschild taufte sie Mary. Immer noch grinsend, fragte Mary nach meiner Telefonnummer, tippte noch ein bischen auf ihrem

Computer herum und schrieb sich irgendwelche Daten vom Bildschirm auf einen kleinen Notizzettel.

Dann entschuldigte sie sich kurz und verschwand fröhlich vor sich hin pfeifend in einem Nebenraum, während ich mir gelangweilt die vielen Ausstellungskästen anschaute. Bald kam sie mit drei unterschiedlichen Kartons in ihren Armen zurück, breitete sie vor mir aus und fragte, welches davon ich haben möchte. Ich zuckte nur mit den Schultern und fragte nach den Preisen. Mary lächelte verschmitzt und sprach „Diese Geräte entstammen einem unserer speziellen Posten für besondere Kunden - oder für welche mit besonderen Geschichten. Suchen Sie sich eines aus, es ist kostenlos." Ich liebe Amerika!

Am nächsten Vormittag, kurz vor halb elf stand ich auf dem Parkplatz vor dem Haus und kramte irgendetwas in meinem Auto herum. Ein PKW fährt auf den daneben liegenden Parkplatz. Pünktlich um 10.30 Uhr wie abgemacht steigt ein Mann aus - in vollem schwarzen Taucheranzug mit auf die Stirn gesetzte Taucherbrille - lächelt freundlich, lässt sich mein Boot zeigen, legt die Pressluftflasche an, zieht sich einen Werkzeuggürtel um die Hüfte, klettert über Jims *MY Jeanne d´Arc*, meines Nachbars 13 Meter Motoryacht mit der bequemen Badeplattform am Heck, in den Kanal und verschwindet in dem flachen, aber trüben Wasser.

Schon nach 2 Minuten tauchte er wieder direkt am Heck von *White Star* prustend auf und nickte.

Die Wellenmutter hatte sich tatsächlich gelöst und war nur noch auf einen einzigen Gewindegang auf das Wellenende geschraubt. Der Propeller, teuer sind die Dinger, hatte anscheinend glücklicherweise nichts abbekommen. Doch sein Werkzeug passte nicht. Ich suchte im Bordwerkzeug nach den drei grössten Maulschlüsseln, die ich finden konnte und reichte sie im nacheinander runter ins Wasser. Der letzte, war ja klar, passte. Der Rest war Routine und kostete schliesslich $50 inclusive der Anfahrt.

Nach einem kleinen Mittagessen bei Ron (-McDonalds) sprach ich mit meinen neuen Telefon auf Susans Anrufbeantworter und legte kurz darauf zu den geplanten Segelübungen ab. Raus aufs Meer wollte ich nicht, obwohl nur ein leichte Brise wehte. Ich hatte mir stattdessen die relative breite Einmündung des Zubringerkanals in den Intracoastal Waterway kurz vor der Las Olas Drawbridge ausgesucht. Keine lange Anfahrt, relativ wenig Bootsverkehr und trotzdem in sicherer Nähe vom Land - man weiss ja nie. Wenig später, mittendrin im Üben stellte sich noch ein anderer Vorteil dieser Lage heraus, an den ich nicht gedacht hatte. Durch die umliegenden Häuser verschiedener Höhe wechselt der Wind nämlich seine Richtung und Stärke oft. Das hat geholfen, das Zusammenspiel zwischen Wind und Boot besser zu verstehen, weil es forderte, die Segel dauernd neu auszurichten. Eine gute Übung.

Hauptsächlich wollte ich mich dem Hauptsegel

oder main sail hinter dem Mast widmen. Kleiner und mit weniger Antriebskraft als das vordere verdient es diesen Namen eigentlich nicht. Wie immer bei Angebern wird es obendrein schwierig, wenn es dann wirklich darauf ankommt. Dieses Segel lässt sich nämlich auch noch unbequemer bedienen als das Vordere. Finde ich zumindest.

Schon die Umhüllung aus dickem, tiefblauen Segeltuch zum Schutz gegen die Sonne und andere Witterungseinflüsse ist nur mühevoll und langwierig zu entfernen. Dann liegt ein schier nicht zu bändigendes, riesiges Bündel an weissen, relativ steifen Stoff- und Kunstoffmix auf dem Aluminiumbaum. Das ist die waagrechte, lange Stange, die meistens in Kopfhöhe nach hinten vom Mast wegzeigt und unter der sich vortrefflich eine Hängematte befestigen lässt.

White Star dümpelte friedlich auf der grossen, ruhigen Wasserfläche mit im Leerlauf tuckerndem Dieselmotor - reine Sicherheitsmassnahme. Ich stieg also zum Mast nach vorne, wickelte das Seil, das das Hauptsegel am Mast hochzieht ein paar Mal um die an den Mast geschraubte Winsch und begann zu kurbeln. Das obere Ende des Segels setzt sich in Bewegung auf seine Reise nach ganz oben zur Mastspitze. Mit fortschreitender Reise gen Himmel wird richtig Krafteinsatz nötig, der leiche Wind fängt sich sofort im Segel und die Yacht setzt sich ganz langsam in Bewegung. Der Ausleger oder Baum hat ein eigenes Seil am Ende, mit dem bestimmt wird, wie weit er zur Seite ausschlagen darf. Das ist wichtig und muss richtig eingestellt werden, je nach dem ob Wind von hinten, von der Seite oder gar schräg von vorn kommt. Auch für diese Einstellung gilt die weiter oben genannte Faustregel mit den Falten.

Die Mauern kamen langsam näher und es wurde Zeit, die Kursrichtung zu wechseln. Also Steuerrad herum und jetzt ACHTUNG AUF IHREN KOPF! Je nach Windgeschwindigkeit schlägt gleich der Baum mit Wucht um auf die andere Seite des Bootes. Dabei sind schon Segler ohnmächtig geschlagen worden. Bei mir hats ausnahmsweise mal geklappt, *White Star* drehte eine enge 90 Grad Kurve, der Baum bewegte sich zwar heftig, aber nicht gewaltig zur anderen Seite -schliesslich herrschte nur leichter Wind- und wir segelten einfach weiter. Gut. So gings für Stunden. Ich hab verschiedene Segelstellungen und Seilspannungen ausprobiert und vieles mehr. Irgendwann hatte ich genug, wollte nachhause und liess deshalb das Segel einfach ab.

Toll hat es ausgesehen, als nur Sekunden danach das gesamte Cockpit und auch der Rumpf darüber hinaus von einen riesigweissen Tuch eingehüllt war, als ob der Verpackungskünstler Christo besoffen war. Steuerrad, Motorbedienung, Niedergang - nichts erreichbar oder benutzbar und unter dem nicht endenwollenden Gullivers Bettlaken in XXXL versteckt. Klasse. Da kam es ja ganz passend, das mittlerweile die gegenüberliegende Kaimauer immer näher kam. In der Not zog ich das Segel schnell wieder auf, was zum Glück funktioniert hat, ohne das es sich irgendwo verheddert hätte, und unter Motorkraft und mainsail machte ich mich auf den 20 Minuten kurzen Heimweg.

Bis zu diesem Zeitpunkt waren Segelyachten unter gesetztem Segel in den engen Kanälen nur als *Fliegender Holländer* gesichtet worden. Und genauso guckten auch die Yachties auf ihren Decks und am Kanalrand. Richtig dankbar waren die immer, das ich ihnen so oft neuen Gesprächsstoff lieferte.

Auf jeden Fall war ich Mr. Gott unendlich dankbar, das der leichte Wind völlig versiegte, als ich dem Dock näher kam. Das Anlegen unter Wind und Segel wäre mehr als schwierig, wenn nicht unmöglich geworden. Gegen 18.00 Uhr tuckerte ich mit voll gesetzten Hauptsegel langsam in das Dock ein.

Ganz vorne auf dem wackeligen Holzsteg, der von der Kaimauer für ein paar Meter ins Wasser gebaut ist, sass Susan, genoss offensichtlich die Spätnachmittag-Sonne und liess ihre hübschen Beine runterbaumeln.

Als White Stars Bug Zentimeter für Zentimeter zwischen Holzsteg und dem pilings auf der linken Seite einlief, dachte ich ein nachdenkliches Gesicht bei ihr gesehen zu haben. Doch sie sprang auf, lächelte und winkte fröhlich und hielt sich bereit, die Festmacherseile zu fangen. Wir schlossen zusammen Strom und Wasser an, ich erklärte ihr kurz das Segeleinpackproblem und sie half mir gleich, es ordentlich zu machen. Zu zweit war es machbar.

Kurze Zeit später machten wir es uns oben im Cockpit bei kühlen Getränken und Salat bequem und ich erzählte ihr von autofahrenden Tiefseetauchern, von guten Segelübungen und von der hohen Kunst, eine ganze Segelyacht in Sekunden fast vollständig und unsichtbar zu verpacken.

Sie hörte gespannt und ganz ruhig zu. Als ich gerade sinnierte, das man vielleicht dünne Hilfsseile auf beiden Seiten des mainsails spannen müsste um es beim Runterlassen besser zu führen, steckte sie ihre Gabel mit einer irgendwie eleganten und fast zaghaften Handbewegung in die Salatschüssel und erzählte mit ungewohnt leiser Stimme und ohne aufzuschauen, das sie heute ihren Job gekündigt hat...

Ziel erreicht

So, das waren sie, meine Marineanfangsanfänge. Es folgten Segeltörns auf die vor der Haustür Floridas liegenden Bahamas, nach Key West und zu anderen Zielen in der traumhaften Karibik, aber keine Weltumsegelungen oder ähnliches. Die dadurch gemachten tollen Erfahrungen in jeder Hinsicht möchte ich nicht mehr missen und wünsche sie jedem Menschen von ganzem Herzen - und zwar lange bevor er oder sie sich Gedanken über die eigene Grabausstattung macht. Aus mir ist ein einigermassen erfahrenes Privat-Kapitänlein geworden. Angefangen mit Null Wissen, Null Erfahrung, und Null Vererbung - genau wie Sie jetzt vielleicht.

Einmal mehr hat sich bewiesen, das man alles, wirklich alles erreichen kann, wenn man es nur wirklich will und sich nicht beirren lässt:

von sich selbst, weil der innere Schweinehund eine grosse destruktive Macht ist

von den vielen gesellschaftlichen Zwängen, die heute nur noch unterdrückend auf mich wirken

von denjenigen Mitmenschen, die immer alles schwarz malen ohne eigene Erfahrungen zu haben

und schliesslich von den vielen selbsternannten Spezialisten, die immer alles besser wissen, aber eben nur manchmal Recht haben. Ein letzter Beweis:

Erfolgreiches Angeln ist Spezialistensache

Wie Sie sich ja bestimmt denken können: ich bin weder Angelprofi noch Fischprofessor, sondern ganz einfach blutiger Angel-Anfänger. Ausser als kleiner Bub von 6 oder 7 Jahren hatte ich niemals eine Angel in der Hand, geschweige denn besitze ich irgendwelches Wissen über Fischarten oder sonstiges Know-How zum Überlisten derselben.

Irgendwann kam die Zeit, da ich meine Segelyacht ganz gut kannte und beherrschte. Der tägliche Anreiz, jetzt noch wesentliches Grundwissen und Gefühl fürs Segeln lernen zu können, der schwand. Nicht, das das Lernen jemals aufhört. Die Feinheiten lernt man ja immer lebenslang. Aber eine gewisse Routine hatte sich eingestellt und ich begann darüber nachzudenken, das man ja auch mal vor der Küste, vom Segelboot aus, angeln könnte. Der Entschluß war schnell gefasst, ich wollte es mal versuchen.

Am folgenden Abend fuhr ich so gegen 22.00 Uhr zum Einkaufen in einen Wal-Mart, eine große Kaufhauskette. Dort hat allein die Angelzubehör-Abteilung die Größe eines mittleren deutschen Supermarktes und ich verbrachte geschlagene 2 Stunden zwischen riesenlangen Regalen, vollgestopft mit allem möglichen und sogar unmöglichem Zubehör. Diese Zeit war auch nötig. Nämlich, um in meiner Laienhaftigkeit zu entscheiden, welche Ausrüstung wohl die erfolgversprechendste wäre - und zwar, ohne ein Vermögen auszugeben! Wer wußte schon, ob mir das Fische-Suchspiel überhaupt gefällt. Eben.

Besonders effektiv, ein wunderbares Wort für »bequem« und »günstig«, schien mir das sogenannte trolling zu sein. Dabei wird eine Angelschnur einfach hinten am Schiff angebunden und hinterhergezerrt. Die Angel und teure Spule entfällt völlig! Das fand ich gut. Und schon war der selbstgestellte Kaufauftrag vernünftig begrenzt. Schon immer mit einer Familienpackung an überschäumender Phantasie ausgestattet, stellten sich bei der weiteren Zubehörauswahl bald plastische Gedanken ein: Auf dem offenen Meer angeln. Dunkle, tiefe See. Haie, Thunfische, meterlang. Riesige, unberechenbare Unterwassermonster. Stark und kampfeslustig.

Sollte ich da mit Spielzeugausrüstung ankommen ...mit einer billigen Plastikschnur? Nein! Womöglich würde ich meinen Jahrhundertfang verlieren! „So nicht, ihr Ungeheuer der blauen Meere!" dachte ich und nach dem Motto »Do it right the first time!« entdeckte ich ein sehr stabil wirkendes...hm... Stahlseil. Kunststoffummantelt, damit es im Salzwasser nicht rostet, Durchmesser etwa wie ein Bremsseilzug am Fahrrad. Das Ding hatte schon die richtige Länge, etwa 30 m, und kostete nur 3 Dollar. Ich war bereit.

Was fehlte noch? Genau. Sie wissen, aus »Effektivitätsgründen« kam normaler Haken und richtiger Köder erst gar nicht in Betracht. Im Regal gab es Unmengen an Kunstoffködern in jeder Farbe und Form. Soweit es zu beurteilen war, alle weit umgänglicher als schnöde Naturwürmer. Doch welcher sollte es sein? Keine einfache Frage.

Eine uralte Taktik kam in den Sinn. Nämlich, sich in den Gegner hinein zuversetzen. Also versuchte ich, geistig ein Fisch zu sein und hoffte, nicht gerade die Guppydenkart zu erwischen: „Welcher von diesen vielen, vielen Ködern schaut nach einem unwiderstehlichen, typischen Michelin-der-Meere 4-Sterne Mahl aus?"

Meine Wahl fiel auf einen Plastikfisch. 20cm lang, schön silbrig glänzend und mit listigen roten Augen! Aus seinem irgendwie frechen Gesicht sprach eine gewisse Überlegenheit: »Hihi, ich bin schneller wie Du!« Der forderte mich heraus! Ich wollte geradezu reinbeissen und ihm das Gegenteil beweisen. Dieser mußte es sein!

Ausserdem war er mit 3 großen Haken an Maul, Bauch und Schwanzflosse ausgestattet. Genau die richtige Sicherheits-Konstruktion. Wer möchte schon seinen Jahrhundertfang verlieren, nur weil ein Haken gebrochen ist? Schließlich noch ein Bleigewicht dazu, um das Plastikvieh unter Wasser zu halten. Die gesamte Unterwasserraubtier-fangausrüstung hat nur 10 Dollar gekostet.

Am nächsten Morgen am Dock zeigten sich die Bootsnachbarn sehr interessiert. Um es kurz zu machen - sie ernannten mich in seltener Einigkeit zum Dockkasper. Meine so sorgfältig ausgewählte Ausrüstung regte nämlich alle Yachties zur nicht endenwollenden Erheiterung an. Sie kriegten sich nicht mehr ein vor Lachen! Ob ich einen Plastiktuna fangen wollte? Und: Warum meine neue Ankerleine so dünn sei? Naja.

An einem der nächsten Tage ging es dann aufs Meer. Ich schwör´s, beim Ablegen vom Dock lachten einige immer noch. Die etwas Höflicheren grinsten. Das Wetter war schön und heiß wie fast immer, das Meer sehr ruhig. Perfekt für einen ersten Angelversuch. Nachdem die Hafenausfahrt des Port Everglades hinter mir lag, befestigte ich das Ende der stählernen Angelschnur an der Heckreeling. Nicht ohne daran zu denken, das im Falle eines Monsterfangs vielleicht die gesamte Reeling abgerissen werden würde?

Ich ließ meinen Plastikfisch an der Leine in sein Element gleiten und Gassi schwimmen. Der etwas lang geratene Fahrradbremszug spannte sich ein wenig und ich setzte volle Segel in einer sehr leichten Brise. Aufgeregtes Nachhintenschauen alle paar Sekunden ergab keine spannenden Momente, die Leine verschwand einfach irgendwo unter Wasser.

Dann frischte der Wind etwas auf und das Boot lief mit ungefähr 7 Knoten parallel zu Floridas Sand und Palmen Küste. Plötzlich tanzte der Köder merkwürdigerweise auf der Wasseroberfläche herum. Ohne schön unterzutauchen, was doch seine Aufgabe war. Daran war bestimmt die jetzt höhere Geschwindigkeit schuld. Doch das Segeln machte Spaß und ich dachte nicht daran, die Geschwindigkeit zu reduzieren, nur um den Köder unter Wasser zu halten.

Als nach 30 Minuten der Wind abflaute und wir schließlich nur noch dümpelten, blieb das Ende der Leine immer noch an der Wasseroberfläche.

Hm. Sehr komisch. Ich holte die Leine ein und - da war mein Fang! Eine King mackerel - ich hab' extra im Buch nachgeschaut. Ungefähr 90cm lang. Die Arme befand sich wohl schon etwas länger am Haken. Jedenfalls war sie ertrunken oder so was.

Später am Dock erfuhr ich, das es sich um einen ausgezeichneten Speisefisch handelt und wir haben den Grill angeworfen. 5 Lacher, nun ein bischen ruhiger, und ein Fänger sowie einige Fische im Wasser wurden satt. Es schmeckte wirklich sehr gut. Und natürlich haben wir vorher das obligatorische Foto geschossen. Sie wissen schon, den Fisch am ausgestreckten Arm stolz weit vor die Brust gehalten. Das macht ihn auf dem Foto nämlich größer.

Praxis und Erfahrungen

Auf seiner Yacht morgens aufzuwachen, den Tag zu geniessen oder zu arbeiten und abends auf dem Schiff wieder zu Bett zu gehen, diese wunderschöne Art sein Leben zu leben mag für viele Ohren exotisch, abgehoben oder einfach nur unbezahlbar klingen. Doch dem ist ausdrücklich nicht so. Auch Sie, der Mensch der gerade jetzt diese Zeilen liest, können das maritime Leben geniessen. Der einzige Unterschied zu »den Reichen« ist - wir müssen wahrscheinlich alle irgendetwas anderes dafür aufgeben. Na, wenn das alles ist! Schon für den Preis eines neuen Mittelkassewagens findet man zumindest in den USA mit ein bischen Suchen eine annehmbare Yacht, auf der zwei Personen bequem leben können.

Und Florida ist geradezu prädestiniert für diesen Lebensstil so nah an der Natur und an der grenzenlosen Freiheit. Mit dem Atlantik auf der Ostseite und dem Golf von Mexico im Westen, vielen Wasserstraßen im Inland, die wie an einer Perlenkette aufgereihten traumhaften Keys und die Bahamas und die gesamte Karibik vor der Haustür gibt es mehr als genug Ziele für alle möglichen Vorhaben. Und wie schön: Es ist das ganze Jahr über warm! Deshalb ist die Yacht-Lebensart in Florida genauso normal wie alle anderen und wird durch die gute »maritime« Infrastruktur - es gibt wirklich sehr viele Marinas, mietbare Docks, Werkstätten, Schiffstankstellen, Restaurants mit eigenem Besucherdock und vieles mehr - nur gefördert.

Und wissen Sie was? Es besteht nicht einmal eine Bootsführerscheinpflicht! Ganz egal, für welche Schiffsart, Bootsgröße oder Motorisierung Sie sich entscheiden - kein Führerschein erforderlich, solange Sie keine gewerblichen Touren mit Ihrer Yacht vorhaben.

Niemand schaut Sie komisch an, wenn Sie sagen »ich lebe auf der *MY Another Day In Paradise*«. Ganz im Gegenteil, Sie werden nur Bewunderung und teilhabende Freude ernten. Und tatsächlich, wenigstens in dieser Hinsicht hat die Fernsehserie »Miami Vice«, in der Don Johnson in Miami auf seiner Segelyacht wohnt, nur die pure Realität dargestellt (ob allerdings ein Alligator als Haustier auf dem Boot eine gute Idee ist, sollten Sie besser selbst entscheiden). Möglichkeiten, um Ihren maritimen Traum zu leben anstatt nur das Leben zu träumen gibt es mehr als genug. Sie haben die Qual der Wahl. Neben der prinzipiellen Unterscheidung zwischen Motoryacht und Segel-yacht sollten Sie sich auch im klaren sein, ob es sich bei dem Erwerb um eine reine Wohnmöglichkeit ohne volle Seetüchtigkeit oder um ein fahrtüchtiges Schiff handeln soll. Denn wenn es Ihnen lediglich darum geht, eine originelle Eigentumswohnung ohne jede maritimen Ambitionen zu besitzen, werden Sie eine Motoyacht gegenüber einer Segelyacht vorzuziehen. Der Grund liegt einfach darin, das eine Motoyacht bei gleicher Rumpflänge erheblich mehr Raumangebot zu Verfügung stellt als ein Segler.

Günstige Schiffe

Nicht mehr seetüchtige, aber noch schwimmende Yachten können sehr billig sein. Schiffe mit Holzrümpfen jeder Bauart, fast immer ältere Semester, bekommen Sie gerade in Florida oft hinterhergeworfen. Keiner will sie. Das hat zwei Gründe. Zum einen ist der Wartungs- und Erhaltungsaufwand eines Holzrumpfes nicht billig, falls die Erhaltung der Seetüchtigkeit das Ziel ist. Und zum anderen lebt in Florida ein besonderer Holzwurm im Brackwasser der Kanäle, der den Dockpfeilern und natürlich auch Ihrem Holzrumpf zu schaffen machen kann.

Also - Holzrümpfe sind sehr billig zu bekommen. So für $10.000, manchmal sogar noch weniger, können Sie eine 35-40 Fuß Motoyacht aus den 60er Jahren bekommen. Von Interesse ist in diesen Fällen natürlich nur noch die Inneneinrichtung und die voraussichtliche Dauer der Erhaltung der Schwimmfähigkeit. Der Zustand der Motoren und der sonstigen Marinetechnik kann Ihnen wurscht sein.

Insider-Wissen
Mit ein bißchen Glück und vielleicht ein bißchen Geschick ist es durchaus möglich, völlig kostenlos zu so einer älteren Wohnyacht zu kommen. Das funktioniert dann, wenn der/die Motor(en) noch in Schuß, eventuell sogar Diesel sind. Clevere Freizeitkapitäne kaufen dann so ein Schiff für ein Apfel, manchmal müßen sie noch ein Ei drauflegen, und verkaufen den/die Motor(en) zum gleichen Preis wie das ganze Boot weiter, wenn sowieso nur gewohnt werden soll.

Voll seetüchtig - und Ihnen!

Für mich persönlich ist das Leben auf der eigenen, funktionstüchtigen und seefesten Yacht das Größte. Egal ob Motor oder Segel. Eine Art zu Leben, die jeder zuminedst einmal ausprobiert haben sollte. Und danach darüber entscheiden: Aufwachen und in den blauen Himmel blicken. Zuhause dort nennen, wo es Ihnen am besten gefällt. Am Wochenende kurz mal nach Kuba oder auf die Bahamas schippern. Sein eigener Herr sein. Das Fischdinner am Nachmittag vor der Küste selbst fangen. Sich die Nachbarn jederzeit aussuchen können. Und so vieles mehr. Alles in allem - ein Traum! So teuer wie von Europa gewöhnt muss das alles gar nicht sein. Besonders wenn Sie ein handwerkliches Händchen haben und Ihren Traum nicht in Top condition kaufen. Abhängig von gewünschter Größe und Art geht es so bei, ich würde sagen $25.000 los, kann aber schnell in astronomische Höhen steigen.

Wo finden Sie nun die guten Angebote? Neben den Anzeigen in den örtlichen Tageszeitungen gibt es in den USA die sogenannten Tradermagazine für Fotoanzeigen. Im maritimen Bereich heissen sie *Sailboattrader*, *Yachttrader* und den *Boattrader*. Alle erscheinen jeden Freitag neu und kosten zwischen $2 und $4. Doch halt - das Geld können Sie sich sparen! Alle Magazinanzeigen finden Sie - kostenlos- auf dem Internet:

Insider-Wissen Internetanschriften:
http://www.traderonline.com/boat/search/index.shtml
http://www.adquest.com

Als First-time-Cäpt'n haben Sie möglicherweise ein kleines Problem zu entscheiden, ob der Preis für Ihr Traumschiff auch marktgerecht ist. Die »Schwackelisten« für den maritimen Bereich in USA heißen *NADA* und *BUC* Listing. Dort können Sie anhand von Hersteller, Modell, Baujahr und

Austattung den gängigen Marktpreis nachschlagen. NADA wird gern von Einkäufern, BUC von Verkäufern verwendet...

Viele öffentliche Bibliotheken und auch alle Yachtbroker haben mindestens ein Exemplar im Haus. Eine andere Möglichkeit ist, sich einfach alle vergleichbaren Modelle in den USA unter den genannten Internetadressen anzeigen zu lassen. Dann sehen Sie sofort, ob sich »Ihr« Preis im unteren, mittleren oder oberen Bereich bewegt.

Darüberhinaus ist der Preisvergleich oft nicht einfach, weil Schiffe extrem unterschiedlich ausgestattet sein können. Schlauchboot mit Aussenbordmotor, Radar, life raft (autom. Rettungsinsel), ein doppelter Satz Segel und vieles mehr können zum Kaufumfang dazu gehören oder eben nicht. Teilweise sind diese Zusatzausstattungen sehr teuer und sollten beim Vergleich berücksichtigt werden, falls Sie an den Ausrüstungen interessiert sind. Ich selbst machte mir eine Liste der verschiedenen angeschauten Boote, auf der die Extras notiert und ihrem Wert entsprechend berücksichtigt wurden.

Worauf man beim Kauf achten sollte

Das dieses kleine Kapitel eine technische Ausbildung oder einen Gutachter nicht ersetzen kann, das dürfte Ihnen bestimmt klar sein. Dennoch kann man mit einer gewissen Erfahrung, die durch Anschauen verschiedener Angebote schnell anwächst, kluge Vorentscheidungen treffen.

Dabei gibt es einige Gemeinsamkeiten, die unabhängig vom Schiffstyp gleichermassen beachtet werden können.

Der Rumpf

... ist das wichtigste Bestandteil einer jeden Yacht. Unterschieden wird nach Bauart, also nach vielen verschiedenen Segel- und Motoryachttypen. Von besonderem Interesse ist das Material, aus dem dieser Rumpf hergestellt wurde. Heute hat sich dafür im allgemeinen glasfaserverstärkter Kunstoff durchgesetzt, oft sogar für richtig grosse Privatyachten. Obwohl es immer einige überzeugte Liebhaber von Metall- (Stahl- oder Aluminiumblech), Holz- oder sogar Zementrümpfen geben wird, rate ich Ihnen dringend, einen (engl.) fibreglass (FG) Rumpf zu kaufen. Die im Vergleich zu den anderen Alternativen grossen Vorteile wie geringer Wartungsaufwand, hoher Wiederverkaufswert und lange Lebensdauer sind einfach unschlagbar. Schiffe aus den Anfangsjahren dieses Materials (Mitte 60iger Jahre) werden gern gekauft! Der Grund liegt darin, das die Bootsbauer damals die Rumpfdicken aus Unkenntniss sehr stark gebaut haben.

Zusammen mit dem Deck stellt der Rumpf das eigentlich wertvolle System Ihres Kaufes dar. Alle anderen Ausrüstungen sind mehr oder weniger ersetzbar. Aber den Rumpf austauschen?

Das Deck
…ist laienhaft gesprochen der obere Deckel für den Rumpf. Es soll ihn wasserdicht abschliessen, alle notwendigen Aufbauten wie Kajüten, Festmacher etc. tragen und auch ein stabile, sichere Arbeits- und Aufenthaltsfläche für alle Personen an Bord bieten.

Auch das Deck ist bei FG-Yachten aus Kunstoff und ist, gerade bei älteren Yachten, oft ein wenig undicht, so das bei Regen manchmal Feuchtigkeit nach drinnen dringt. Ein Grund können aufgeschraubte Teakdecks sein. Dabei werden die so schön aussehenden Holzleisten einfach oben auf den Kunstoff geschraubt, ähnlich wie bei einem Parkett. Die Schraubenverbindungen dieser Holzleisten können mit der Zeit durchlässig für Wasser werden. Nur manchmal hilft dann das regelmässige Pflegen des Teaks mit Teaköl, oft muss das Deck komplett demontiert werden.

Ein anderer wunder Punkt von Kunstoffdecks können die sogenannten *softspots* sein. Dabei handelt es sich um regionale Stellen im Deck, die beim Darüber Laufen leicht nachgeben. Das vermittelt einen instabilen Eindruck, der allerdings objektiv meistens nicht gegeben ist. Trotzdem gelten softspots als Alarmsignal. Stellt man solch einen Weichpunkt fest, dann gibt es zwei Möglichkeiten. Entweder wurde schon bei der Herstellung eine nur geringe Wandstärke gebaut, dann würde eine Verstärkung viel Arbeit bedeuten. Oder aber das Deck wurde in Sandwichweise gebaut. Dann ist höchstwahrscheinlich der *core*, die mittlere Schicht (oft Bootsbausperrholz) an dieser Stelle durch Undichtigkeiten verrottet. Falls die softspots nicht zu gross sind, existieren eine Reihe von relativ guten Reparaturmöglichkeiten. Softspots sind immer eine gute Preisverhandlungsmöglichkeit, weil sie keiner mag.

Motoren

...hat jedes Schiff, egal ob Segel- oder Motoryacht.Obwohl die Machinen prinzipiell mit den bekannten Automotoren vergleichbar sind, existieren trotzdem erhebliche Unterschiede. Das Kühl- und Auspuffsystem funktioniert anders, die Motoren laufen nahezu stationär, also oft und lange mit gleicher Drehzahl und sie können gigantische Ausmasse annehmen. In den USA haben schon ganz kleine Motorcruiser in der Regel 2xV8 Benziner mit je 5 Litern Hubraum eingebaut. Dieselmotoren werden jedoch bevorzugt und sind teurer. Die Gründe liegen in höherer Sparsamkeit und geringerer Explosionsgefahr.

Benzindämpfe sind nämlich schwerer als Luft und setzen sich unweigerlich in der Bilge eines jeden benzingetriebenen Bootes ab. Deshallb dürfen sie niemals einfach ins (bezinangetriebene) Boot hüpfen und einfach den Anlasser betätigen. Vielleicht wäre es ihr letztes Mal. Vielmehr muss mit dem sogenannten *blower*, ein oder mehrere spezielle elektrische Gebläse, ein paar Minuten vor dem Start die Bilge mit Frischluft durchgepustet werden.

Hinter dem Motor ist ein Getriebe angeflanscht, das das Drehmoment an die Schraubenwelle weiterleitet. Dieses Getriebe hat nur je einen Vorwärts- und Rückwärtsgang. Wie die früheren Dafs.

Zubehör
(...das $1000 oder mehr kostet und deshalb genauer angeschaut werden sollte, sofern es vorhanden ist und mitverkauft werden soll.)

- Radar
- SSB Funkgerät
- Schlauchboot/Aussenborder
- Segel
- Generator
- Klimaanlage
- Tiefkühltruhe
- Rettungsinsel
- Satellitentelefon
- Autopilot
- elektrische Ankerwinde
- Bugstrahlruder

Der Kauf

...geht eigentlich ganz einfach: Sie schauen sich Ihr Schiff an und unterbreiten ein Angebot. Falls der Verkäufer es akzeptiert, wird das Angebot schriftlich festgehalten. Deshalb sollte das Papier einen Passus enthalten der versichert, das Sie ohne jeden Nachteil vom Kauf zurücktreten können. Oder ein Preisabschlag verhandelt wird, falls ein Gutachter (surveyor) wesentliche Mängel findet und/oder Sie mit der Testfahrt (dem seatrial) nicht zufrieden sind.

Für uns ungebräuchlich ist, das man oft eine Anzahlung von 10% erwartet, obwohl Sie zu diesem Zeitpunkt weder wissen, ob Sie wirklich kaufen möchten, noch, ob der Verkäufer Ihr Angebot überhaupt annimmt. Diese Anzahlung ist bei einem Broker (Makler-) kauf nahezu immer erforderlich, beim Kauf von Privat nur manchmal.

Für die Schiffsdokumente gibt es zwei Möglichkeiten, wenn man mal davon ausgeht, das das Schiff in den USA registriert ist oder wird. Entweder ist Ihre neue Liebe »documented« oder »titled«.

„Titled" bedeutet, es existiert ein *certificate of title*. Ausgefertigt vom Staat Florida oder von jedem anderen US-Bundesstaat entspricht er in etwa dem deutschen Kfz-Brief beim Auto. Ein title hat den Vorteil, das Sie noch vor dem Kauf sofort sehen können, ob das Schiff mit einem Kredit belastet ist. Dieser wird nämlich in den title eingetragen.

Oder der title wird sogar vom Geldgeber einbehalten. Mit dem Kauf übergibt der Verkäufer den title an den Käufer und dieser meldet das Schiff bei einer der zahlreichen Kfz-Zulassungen in Florida, die auch für die Boote zuständig sein, einfach um. Nach ein paar Wochen erhalten Sie eine neue Ausfertigung des Dokumentes in Ihrem Namen per Post zugeschickt.

„Documented" bedeutet, das das Schiff bei der amerikanischen Küstenwache nach internationalem Recht registriert ist. Das steht ranglich über dem Bundesstaatrecht und kann beim Einlaufen in ausländische Häfen zeitsparend sein. Allerdings - ein Nicht-US-Resident darf sein Boot nicht bei der Coast Guard registrieren. Einen Nachteil gibt es dabei noch, eigentlich sind es sogar zwei. Zum einen führt die Küstenwache kein Buch über Belastungen auf den Schiffen, so das es nicht ganz so einfach wie beim title ist, eine eventuelle Schuldenbelastung zu erkennen.

Zum anderen kann die Gültigkeit der *documentation* einfach ablaufen. Damit ist gemeint, das die documentation der Coast Guard abgelaufen, also ungültig ist. Dennoch handelt es sich beim offiziellen Papier aber um den einzigen Eigentumsnachweis. Doch in der Praxis ist das selten ein Problem.

Als Nicht-GreenCard Inhaber bleibt Ihnen nur die Title-Registrierung in einem US-Bundesstaat oder die Registrierung in einer anderen Nation. So oder so, bei einem Kauf/Verkauf eines Schiffes/

Bootes wird Salestax, also Mehrwertsteuer (Florida 6%) fällig, falls das Schiff nicht aus den USA ausgeführt wird. Diese Salestax kann bei den im Schiffsbereich bezahlten Kaufpreisen interessante Summen annehmen und wird zeit- und aufwandsparend gleich beim Anmelden mit einkassiert. Es gibt einige legale Wege, sie ganz oder teilweise einzusparen. Die einzelne Aufführung würde allerdings den Rahmen dieses Buches sprengen.

Insider-Wissen
Es kann Vorteile bringen, Ihr Schiff nicht in Florida zu registrieren und/oder eine Firma zu gründen, deren einziger Besitz aus dem Schiff besteht. Die Vorteile bestehen aus möglicher Steuerersparnis (6% Ersparnis können schnell den Einsatz wert sein) und vermindertem Betriebsrisiko. Ein vorteilhafter Staat zur Anmeldung ist Delaware. Salestax 0%, Property tax 0%. Eine Firma, die sich auf diesen Service spezialisiert hat ist die : Delaware Registry Ltd., 3511 Silverside Road, #105, Wilmington, DE 19810, Fax 302-477-9811, Email corp@delreg.com, WWW: http://delreg.com

Wenn Sie gut Englisch können und sich vor ein paar Formularen nicht scheuen, dann können Sie die komplette Anmeldung auch selbst erledigen und ungefähr 35% sparen.

Alles in allem bleibt zu sagen, das es wunderbare

Schiffsdeals in den USA, und da besonders in Florida gibt, die die Preise in anderen Ländern manchmal nach reinem Wucher aussehen lassen.

Trotzdem oder gerade deswegen rate ich Ihnen allerdings auch zu einer netten Portion Aufmerksamkeit. Es ist schon vorgekommen, das der Jahrhundertdeal in cash direkt am Dock geschlossen wurde. Der Verkäufer verschwand schnell, und der Käufer freute sich über das tolle Geschäft - bis der wirkliche Besitzer auftauchte!

Das Dock und die Unterhaltskosten

Für den Fall, das Sie kein Dock besitzen oder Ihnen ein Freund eines umsonst oder sehr günstig zu Verfügung stellt, kann die Dockmiete, abhängig von Ihren Wünschen, den größten Posten in Ihrer Kalkulation ausmachen. Die Angebote in Florida sind sehr zahlreich, aber nachfragende Yachten, gerade in Südflorida im Winter, eben auch. Die Dockmieten in Florida variieren sehr:

$100/Monat	Nordflorida, 30 Fuß Rumpf, Standarddock
bis	
$800/Monat	Südflorida, 44 Fuß Rumpf, Dock mit Pool, Barbecue etc.

Für größere Schiffe wird es ganz schnell ganz wesentlich teurer. In den Preisen sind oft die Wasser- und Stromkosten mit eingeschlossen. Die Anmietung eines solchen Docks ist sehr unkompliziert und innerhalb weniger Minuten ohne Voranmeldung erledigt. Immer liegt Wasser und Strom am Dock, und oft auch auch Kabel (Fernsehen) und Telefonanschluß. Wenn nicht, erfolgt die Installation nach Ihrer Bestellung innerhalb zwei bis drei Tagen.

Dann gibt es noch den Trockenplatz. Dabei wird Ihr Schiff aus dem Wasser geholt und auf Land gestellt. Die Kosten dafür betragen $100..$500/ Monat. Manche Überwinterer entscheiden sich regelmässig alle 6 Monate für die trockene Lösung. Auch grössere Reparaturen oder Überholungen werden gern an Land selbst gemacht, während man weiter auf seinem Schiff wohnt.

Und schließlich - Freies Ankern ist natürlich kostenlos. Entbehren müssen Sie in vielen Fällen nichts, weil die Schiffe oft mit Generator und allen anderen Bequemlichkeiten ausgestattet sind. Allerdings gefällt es nicht allen Menschen, jeden Morgen ins Schlauchboot steigen zu müssen, um an Land zu kommen.

Insider-Wissen
Nur für die gaaanz kleine...eigentlich gar nicht wahrscheinliche... Möglichkeit...das Sie jetzt irgendwie...schon immer fanden, das man neuen

Ideen ganz aufgeschlossen gegenüberstehen sollte:
Wir könnten ja mal mit dem kleinen Kapitänspatent
beginnen, hm? Unter

http://www.boatus.com/onlinecourse

finden Sie einen kompletten Kurs, der vom Inhalt
dem deutschen bzw. jedem Bootsschein entspricht,
weil die Regeln zu 95% international koordiniert
sind.

Bei diesem schön gemachten Frage- und Antwort-
spiel werden Sie nach jeder Antwort sofort
informiert, ob Sie richtig oder falsch gelegen haben.
Absolute Neulinge werden wahrscheinlich keine
Chance haben zu bestehen, deshalb werden die
Antwort-Quellen gleich mitgeliefert. Es ist wirklich
gut gemacht.

Bei Erfolg wird Ihnen sogar ein Zertifikat
ausgestellt und zugesandt (die Auskunft, ob es
auch nach Europa geschickt wird, war zum Red-
aktionsschluss noch nicht eingetroffen). Selbstverständlich ist der Kurs kostenfrei.

Wartungs- und Reparaturaufwand?

Einige Yachtbesitzer beschweren sich über den
ihrer Meinung nach permanenten Wartungs- und

Reparaturaufwand am Schiff. Nun ja. Bei manchen dieser Zeitgenossen mag möglicherweise eine gewisse Unerfahrenheit im Umgang mit Technik und Werkzeug eine Rolle spielen. Schnell ist irgendwetwas „kaputtrepariert", besonders wenn die Funktion des defekten Teiles von Beginn an nicht hundertprozentig klar ist. Doch das ist lediglich ein Nebengrund.

Tatsächlich verlangt ein Schiff ein wenig mehr Pflege- und Wartung als zum Beispiel ein Auto, um anstandslos zu funktionieren. Woran liegt das? Man kommt der Lösung näher, wenn man sich einmal klar macht, was ein Schiff überhaupt ist: Eine Yacht ab einer gewissen Grössenordnung ist ein mobiles, vollausgestattetes Haus, das gleichzeitig aus drei oder vier völlig verschiedenen, technischen Systemen besteht:

1) Es besteht aus einer kompletten Wohnung mit allem Drum und Dran wie Warm- und Kaltwasserinstallation, Toilette(n), 110 bzw. 220 V Elektroinstallation, Kühlschrank, Fernseher, Stereoanlage usw. usw. Alles, wirklich alles was Sie von zuhause kennen, finden Sie auch auf einen Schiff ab einer gewissen Grössenordnung.

2) Dann besteht es **zusätzlich** aus den wichtigsten und kompliziertesten Systemen eines Autos. Es gibt einen oder zwei Benzin- oder Dieselmotoren, die gleiche Anzahl Getriebe und Wellen und

Lager, ein vollständiges 12 oder 24V Stromsystem, die Kraftstoffversorgung, Motorenkühlung usw.

3) Dann besteht es **zusätzlich** aus der marinetypischen Ausstattung wie Ruderanlage, Navigationselektronik, Stromgenerator, Edelholzverkleidungen im Wetter, Pumpen, Ventile und Filteranlagen usw.

4) Und schliesslich -im Segelyachtfall- noch **zusätzlich** aus den Masten, Segeln, Winschen usw.

Das alles ist eine Menge an verschiedener Technik auf relativ engem Raum, und deshalb mit einem Auto nicht zu vergleichen. Und dabei ist diese umfangreiche Anhäufung von grundverschiedener Technik auch noch ständig dem Salzwasser und der brütenden Sonne, oder zumindest dem Wetter im allgemeinen ausgesetzt. So betrachtet ist es eigentlich ein kleines Wunder, das heutige Yachten so zuverlässig sind. Von dauernder Anfälligkeit kann meiner Meinung nach keine Rede sein.

Diese Aufzählung macht nebenbei auch deutlich, weshalb es Käufern mit geringem technischem Background dringend geraten ist, vor der entgültigen Unterschrift zum Kauf einen Surveyor, einen Gutachter zu beauftragen, der normalerweise in 3 bis 4 Stunden die ausgewählte Lady auf Herz und

Nieren checkt.

Die Amerikaner

> *„Ich habe nichts gegen Fremde. Einige meiner besten Freunde sind Fremde. Aber diese Fremden dort - die sind nicht von hier..."*
> Methusalix in „Asterix und Obelix"

Weil anscheinend jede Nation dieser Erde ihre Vorurteile über alle anderen Nationen der Erde haben muss, deswegen gibt es natürlich auch eine Unzahl von Vorurteilen über die Amerikaner. Ich kann Ihnen heute bestätigen: Alle stimmen. Alle!

Allerdings treffen auch diejenigen auf die Amerikaner zu, die für Araber, Deutsche, Japaner etc. bestimmt sind. Und umgekehrt. Deshalb ist dieses Kapitel ein wenig schwierig. Natürlich macht man so manche Beobachtung und natürlich hat man seine Erlebnisse. Aber deshalb alle Menschen und Verhaltensweisen über einen Kamm scheren? Das wäre nicht gerecht. Auch nach vielen Urlauben oder langen Jahren des Aufenthaltes kann man sich nur schwer anmaßen, alle Einwohner oder den »typischen« Amerikaner zu kennen.

Um also so vorurteilslos wie nur möglich an dieses Thema heranzugehen, erzähle ich Ihnen einfach ein paar tatsächlich geschehene Begebenheiten mit der Bitte und der Empfehlung, das Sie sich bei Ihrem Aufenthalt ein eigenes, persönliches Bild machen.

Immer wenn Sie „..die Amis.." lesen, dann ist damit gemeint „..die Amerikaner, die ich kenne". Nicht vergessen, gell!

•••

Der Sandstrand von Ft. Lauderdale. Kokospalmen wiegen sich sanft im leichten Wind, das türkisfarbene Meer streckt sich bis zum Horizont. Ein Tag wie jeder Tag mit leuchtend blauem Himmel, kein Wölkchen zu sehen und 34 Grad Celsius Lufttemperatur. Ein paar Menschen liegen da und ahlen sich in der Sonne, andere planschen im Wasser. Fröhliches Kindergeschrei ist zu hören und Badehosen und Bikinis soweit das Auge blickt.

Doch was ist das? Eine Fata Morgana? Garmisch-Patenkirchen? Man glaubt es nicht. Ein Ski-Langläufer! Auf dem heißen Sand. Professionelle Langlaufskier an seinen Füßen, trainiert er, nur mit Badehose bekleidet, regelmäßig auf dem Sandstrand unter greller Sonne!

•••

Und dann gibts den Klimaanlagen-Fanatismus. Jedenfalls scheint es den Neuankömmlingen in der ersten Zeit so. Die Floridianer hechten von der Klimaanlage im Haus, zu der im Auto zu der im Büro zu der im Geschäft zu der zuhause. Und die Temperaturunterschiede zur Aussentemperatur können eklatant sein. Man kann im Publix (Supermarktkette) oder 7-Eleven wirklich im ersten Moment ins Frieren kommen. Vielen Menschen gefällt das nicht und sie fragen sich oft, weshalb so übertrieben wird mit der Kühlung.

Zum einen erscheinen einem die heruntergekühlten Räume deshalb kalt, weil es draußen wirklich sehr warm ist. Zum anderen ist in Florida Big Business angesagt. Etwas verschwitzt ankommen, mag für den Strandgänger ok sein. Es ist aber sicher nicht in Ordnung für die vielen Büromenschen in Bürokleidung. Da haben wir also einen Grund.

Dann gibt es, zumindest für die 7-Eleven Kette, noch einen anderen. Dort sagten mir zwei verschiedene Inhaber, das es zur Firmenpolitik der »24-h Rund-um-die-Uhr-schnell-mal-reinspringen-und-was-kaufen-Kette« gehört, einen leichten Unbehaglichkeitslevel bei den Kunden zu erzeugen, um die wenigen Parkplätze (immer direkt vor der Tür) und auch die relativ kleinen Geschäftsräume immer frei zu halten. Ziel scheint also zu sein, die Kunden dazu zu bewegen, nur schnell ihren Einkauf zusammen zu suchen, zu bezahlen und möglichst schnell wieder verschwinden. Ok, das ist meine persönliche Interpretation, so drastisch haben die Inhaber es mir gegenüber nicht ausgedrückt.

∴

Vielleicht haben Sie es als Kind genau wie ich gehaßt, pures Wasser oder Mineralwasser zu trinken. Das mindeste war ja wohl Sprudellimonade mit irgendeinem Geschmack! Aber reines Wasser - igitt!

Deshalb käme mir Florida als Kind auch gleich wie mein Traumdrinkland vor. Hundertausende von verschiedenen Softdrinks und Säften haben sie hier. Ein Traum! Doch der hat sich ziemlich schnell in einen Alptraum in Form eines gewissen Figurverlustes verwandelt. Naja, Verlust ist wohl kaum das richtige Wort. Eher das Gegenteil.

Sehr viele Getränke sind nämlich unter massiven Einsatz von Zucker hergestellt. Wegen der dauernd warmen bis heißen Temperaturen, die für eine wesentlich höhere Flüssigkeitszunahme pro Tag als in Europa sorgen, ist es so überhaupt kein Problem, den gesamten Tagesbedarf an Kalorien (ja ich weiß, korrekt wären eigentlich Joule) nur in Getränken zu sich zu nehmen. Was das für die Figur bedeutet, können Sie sich ja ausmalen. So entdeckte ich also plötzlich die Vorzüge des Wassertrinkens. Und wissen Sie was? Wasser gibt es so gut wie überall kostenlos. Verdursten muß in Florida niemand. Ob an der Tankstelle, beim BurgerKing, oder im Restaurant, die order »Just a water please« wird prompt, kostenfrei und inclusive der obligatorischen Eiswürfel erfüllt.

Weil wir bei gerade bei den Getränken sind: Bei Burgerking, Shooters und einigen anderen Restaurantketten gibt es den free refill. Sie bezahlen nur einmal und bekommen sooft Sie möchten nachgeschenkt bzw. dürfen selbst unbegrenzt auffüllen. Wer jetzt gleich weiterdenkt - nein nein, für alkoholische Getränke gilt dies nicht.

•••

Allgemein wird den Amerikanern ja nachgesagt, das sie die Ruhe weg haben. Falls das stimmt, dann sind bestimmt alle in Florida in die Lehre gegangen. Denn hier wird dieses Prinzip in Vollendung beherrscht. Ob im Supermarkt, auf einer Behörde oder sonst wo - was Sie mit Ihrem mitteleuropäischen Elan als relaxtes Tun empfinden, könnte von einigen Floridianern als totale Herausforderung an seine Leistungsfähigkeit betrachtet werden.

Ob ihm/ihr das gefällt, hängt von vielen Umständen ab. Aber meistens gefällt es nicht. Um Ihnen unnötige Aufregungen zu ersparen, empfehle ich Ihnen, sich an diese Langsamkeit zu gewöhnen. Auch was die die sogenannten preussischen Tugenden anbelangt, wäre für einige Floridianer eigentlich Nachsitzen angesagt, falls man diesen Eigenschaften einen globalen Wert zuordnen wollte. Unpünktlichkeit und Unzuverlässigkeit nach unserer Definition sind nicht gerade selten.

•••

Dann gibt es eine unterschwellige Freundlichkeit zwischen den einzelnen, aber sich fremden Menschen. So geschieht es immer wieder, das Sie auf einem kostenpflichtigen Parkplatz von Leuten, die ihn gerade verlassen, das Ticket in die Hand gedrückt bekommen, wenn sich darauf noch Parkzeit befindet.

•••

Die Bezeichnung »friend« ist mit »Freund« eigentlich nicht zu übersetzen. Mit einem Freund im europäischen Sinne hat das überhaupt nichts zu tun - die richtige Übersetzung für »my friend« lautet eher »mein Bekannter«, allenfalls »mein guter Bekannter«.
Ein wirklich guter Freund wird z.B. Buddy genannt. Überhaupt die oft beklagte Oberflächlichkeit der Amerikaner: Soweit ich es überblicken kann, handelt es sich dabei oft um den Ausdruck einer völlig falschen Erwartung auf seiten der Klagenden. Vielleicht, weil man freundlichen und zuvorkommenden Umgang unter Fremden nicht mehr häufig erlebt, dieses Verhalten gleich als Freundschaftsbeweis interpretiert und deshalb noch mehr erwartet.

•••

Ganz hoch angesehen ist die freie Meinungsäußerung bei den Amerikanern. Das geht zum Teil so weit, das sensiblere Naturen aus Mitteleuropa geschockt sein können. So sprechen sich auch angesehene Tageszeitungen in laufenden Wiederholungen und über zahllose Spalten für das **Nicht**verfolgen von Nazi-Seiten, Ku-Klux-Klan etc. im Internet und sonstwo aus (z.B. Sun-Sentinel, 6.8.98, Seite 19A »...Suppressing hate speech is more dangerous than allowing it to exist...«.

Und wenn man es sich genau überlegt: Nur die stetige, nicht nachlassende Forderung nach uneingeschränkter Freiheit ist der wohl einzige Weg, um Staatszensur und schleichende Beschneidung von Rechten aller Art zu verhindern. Und davor hat jeder Ami ein Trauma, weit mehr als Sie und ich.

Well, jetzt wo ich es mir genau überlege - vielleicht sind gerade Sie und ich nicht so passende Beispiele. Jedenfalls, die Amis sagen sich: Bloß der Regierung nicht glauben, nicht vertrauen, nichts geben (Informationen, Geld, Rechte...)! Find' ich gut.

•••

Neid oder Denunziantentum, wie in Deutschland immer häufiger beobachtet, ist völlig unbekannt. Niemand käme auch nur im Traum auf die Idee, jemand anderen wegen irgendetwas bei den Behörden oder der Polizei anzuzeigen. Ob es sich um zu laute Musik, Falschparken oder was auch immer handelt spielt keine Rolle. Wenn ein Sachverhalt klärungsbedürftig ist, dann macht man das untereinander aus, alles andere gilt als eigener Unfähigkeitsbeweis und obendrein als eine in diesen Punkten verabscheute Zuarbeit für die Behörden.

Oder Neid. Anstatt mißgünstig hinter dem Vorhang hervorzustarren wenn jemand plötzlich mit einen schönen neuen Auto nachhause fährt, kommt der Nachbar rüber, gratuliert Ihnen zum tollen Wagen, freut sich ehrlich mit Ihnen und fragt, wie Sie das gemacht haben. Damit er es Ihnen vielleicht nachtun kann.

•••

Pompamo Beach. Ein Donnerstag abend mit angesetzter 60er und 70er Jahre Party auf der ganze Straße. Der Verkehr fliesst nur sehr langsam. Autos, Motorräder, Klamotten aus dieser Zeit, die auch getragen werden. Viele Bands spielen live mitten auf dem Bürgersteig. Überall stehen und gehen Passanten jeden Alters und amüsieren sich. Eine Band hat es besonders angetan, sie spielt Elvis nach. Spontan fangen viele Paare an zu tanzen. Zwei um die 70jährige tanzen den Rock'n'Roll mit Abstand am besten...

•••

Freudig überrascht werden Sie von der Umtauschpolitik des Einzelhandels sein. Dort wird Ihnen nämlich so gut wie alles und so gut wie immer umgetauscht. Bedingung: Ihr Einkaufsbeleg. Ich kenne mehrere Amerikaner, die das regelrecht ausnutzen: Letztens mußte eine Palme im Garten gefällt werden. Also hat er bei Sears eine Motorsäge gekauft, die Palme im Garten damit erlegt und die Säge, noch nicht einmal saubergemacht, wieder zurückgegeben. Gegen cash. Fragen Sie mich nicht warum, aber es funktioniert. Man wird Sie nicht einmal nach einem Grund für die Rückgabe fragen.

Das Einkaufen in grossen Märkten funktioniert sowieso etwas anders als in Deutschland. Wann immer sie ein Artikel interessiert, der nicht ausgezeichnet ist: Einfach hinein damit in den Einkaufswagen. Der Kunde rennt doch nicht den Verkäufern hinterher! Erst an der Kasse lassen Sie sich zuerst den Preis nennen und entscheiden dann, ob Sie kaufen möchten oder nicht. Auch wenn die Hälfte Ihres Einkaufswagensinhaltes an der Kasse zurückbleibt, na und? Das ist normales Verhalten hier.

∴

Und noch schnell zu den Kreditkarten. Die werden wirklich überall und für alles benutzt. Auch für Einkäufe in der Größenordnung $2,95! Also, keine Skrupel. Wissen Sie übrigens, wie manche erfolgreiche Unternehmer ihre Geschäftsidee ohne einen einzigen eigenen Dollar begonnen haben - und viele es auch heute noch tun? Die beantragen nämlich einfach 10-12 verschiedene Kreditkarten! Jede kommt im Durchschnitt mit ungefähr $500 Kredit. Damit haben sie dann also $5000-$6000 Startkapital zu Verfügung.

Ich möchte betonen, daß dies ein ernsthaftes Buch ist und ich Ihnen hier keine Witze erzähle.

•••

Anfang Dezember in Ft. Lauderdale. 17.30 Uhr. Ein schöner Sommerabend unter blauem Himmel, das Thermometer zeigt 27 Grad.

Die Weihnachtszeit kündigt sich an. Las Olas Boulevard, eine schöne Einkaufsstraße, ist geschmückt in Myriaden von kleinen Lichtern. Es müssen Zehntausende sein. Die Palmen, die mediterranen Gebäudefronten, alles ist über und über mit winzigen bunten Lichtlein geschmückt. Dazwischen taucht ab und zu ein Weihnachtsmann oder ein Engel auf, wünscht den nur leicht gekleideten Passanten frohe Weihnachten oder einfach einen schönen Bummel. Kinderchöre singen, Lebkuchen werden verkauft. Ein schönes Bild.

Als ich, wie alle hier in typischer Südflorida Kleidung mit Shorts und T-Shirt bekleidet, neugierig in eine kleine Seitenstraße abbiege, empfängt mich ein eisiger Luftzug. Mit kleinen Eiskristallen versetzt, regt er die nackte Haut an Beinen und Armen sofort zur Gänsehaut an. Ich traue meinen Augen nicht. Mitten auf der Straße befindet sich - eine Rodelbahn. Es besteht kein Zweifel. Weiß, eiskalt, glitschig. Und nachdem der Bürgermeister der Stadt höchstselbst auf dem Plastikdeckel eines Papierkorbes die Bahn eingeweiht hat, sausen fortwährend Kinder unter fröhlichem Geschrei die Schneepiste hinunter. Und als ich da im Nordpol der Seitenstraße mit offenem Mund aus dem Staunen und Frieren nicht heraus komme - beginnt es zu schneien! Ich bin eingewolkt in Tausende von kleinen federleichten Schneeflocken, die im Haar und auf der Haut sofort zu tauen beginnen...

Na, liebe Leser, was glauben Sie? Ist das ein Münchhausenbericht? Oder wahr? Um es kurz zu machen, die Geschichte ist wahr. Die Rodelbahn wird jedes Jahr zum Straßenfest errichtet. Mit einer Art überdimensionalen Gartenhäcksler werden große Eisblöcke kleingehackt und solange auf die Straße aufgeschüttet, bis eine echte Rodelbahn entstanden ist. Und auf den Dächern der umliegenden Gebäude sind Schneegeneratoren installiert. Die weisse Pracht hält etwa fünf bis sechs Stunden, dann hat das Florida Wetter gesiegt.

•••

Die Amis lieben Verschwörungstheorien. Angeblich werden die USA und auch die ganze westliche Welt, nicht von Demokratie, sondern von relativ kleinen und geheimen Gruppen beherrscht. Immer wieder tauchen Bezeichnungen wie *Freimaurer*, *Illuminaten* und verschiedene suspekte internationale Regierungsgruppierungen wie der *Council for Foreign Relations (CFR)* als wahre und böse Machtinhaber auf, die angeblich den Präsidenten der USA, aber auch den Kanzlern, Premierministern etc. vieler anderer Länder sagen, wo es lang zu gehen hat.

Und wer nicht spurt, der fliegt. Oder genauer gesagt, der verliert auf eher merkwürdige Weise sein Leben. Sagen die Theorien. Zu diesen Opfern soll auch Kennedy zählen, weil er sich nicht unterordnen wollte. Diese Gruppierung soll nahezu alle Weltunternehmen und Regierungen besitzen, steuern oder unterwandert haben. Zu den Mitgliedern des CFR sollen Bill Clinton, Helmut Kohl, Michael Eisner (Walt Disney), Henry Kissinger, Henry Ford, alle Rothschilds, Herr Schrempp (DaimlerChrysler), Gerhard Schröder usw. usw. gehören. Das wäre an sich nicht weiter tragisch, wenn der CFR Mitglieder im Bereich der Hunderttausende oder gar Millionen hätte.

Doch es sind angeblich weltweit nur 3200. In einer neueren Geschichte heißt es, das die wichtigsten Vorstandsmitglieder des Telefonkonzerns AT&T Mitglieder des CFR sind. Als AT&T einige Konkurrenten aufkaufte und aus ihnen eine neue Firma, die *LUCENT Technologies* gemacht wurde eine offizielle Anfrage an den AT&T Vorstand gestellt, wie der der Name LUCENT zustandekommt und was er zu bedeuten hat. Die Public Relations Arbeit des Vorstands war miserabel, er antwortete nicht einmal.

Daraufhin wurde nicht nur in fanatischen Kreisen, sondern auch in manchen konservativ-religiösen erklärt, der Name sei durchaus mit Bedacht gewählt und bedeute nichts anderes als »**Luc**ifer's **Ent**erprise« (Unternehmen des Teufels). Ein Journalist nahm sich dieser Sache an und fand heraus, das die Hausnummer des eigentlichen, auf offiziellen Papier nicht genannten Headquarters von Lucent Technologies 666 war. Kurz darauf wurde bekannt, daß das firmeneigene Telefonnetz der Lucent unter der Bezeichnung »INFERNO« verwaltet wird. Von da an wurde die Firma eine Zeitlang gemieden like hell! Bewerbungen um Arbeitsstellen und die Aktiennachfrage ließen stark nach.

Und wissen Sie was - seitdem ich diesen Text geschrieben habe, knistert bei mir das Telefon ganz komisch und gestern haben meine Bremsen am Auto versagt. Nur wie durch ein Wunder ist nichts passiert. Es scheint mit dem Teufel zuzugehen... Nein, ok, ich bin nicht voreingenommen. Falls Sie zu den Verschwörungstheorien (soweit ich es überblicken kann, gibt es nur eine große in mehreren Varianten) mehr wissen möchten: Es gibt ein meiner Meinung nach gut recherchiertes

Buch von einem Amerikaner, auch in deutsch: »Die Insider« von Gary Allen.

Tägliches Leben in Florida

Im folgenden Kapitel erfahren Sie in zusammengefasster Form Wissenswertes über das Wo und Wie des normalen Tagesablaufes in Florida. Ob es sich um Verwaltungsfragen, medizinische Betreuung oder den Erwerb von Führerscheinen handelt - viele Angaben und Hinweise, die Sie sowohl als Besucher als auch als Einwanderer benötigen, finden Sie hier. Klar können sich manche Angaben, besonders Preise und Zeiten, schnell ändern. Wir freuen uns daher jederzeit über Ihre Ergänzungs- und Korrekturhinweise, die in der nächsten Ausgabe mit aufgenommen werden.

Lebenshaltungskosten

Wieviel Geld benötigt man je Monat in Florida? Das hängt natürlich ganz wesentlich von den persönlichen Ansprüchen ab. Als unteren Richtwert kann man in Florida mit $1000,- je Monat auskommen. Darin sind Miete und Nebenkosten, Telefon, Lebensmittel und Autokosten eingeschlossen. Ein Leben im schwelgenden Luxus ist damit selbstverständlich nicht möglich. Aber genausowenig bedeutet es, das man von Wasser und Brot leben muß. Alle folgenden Preise sind Durchschnittswerte, beziehen sich auf den Stand von 2000 minus eins und sind in US$ angegeben.

Mieten
Günstige Wohngegend, 1-Zimmer Wohnung | 30/Woche
Teure Wohngegend, Bungalow mit pool | 500/Woche
Wasseranschluß und Abwasser
oft | kostenlos
selten | 20/Monat
Elektrischer Strom
Einheit | 0,08/kwh
Telefon
einmalige Anschlußgebühr | 50/-
Grundgebühr | 8-12/Monat
Ortsgespräche | kostenlos
Überseegespräche (EU) | ab 0,10/min.
Krankenversicherung | 100/Monat
Lebensmittel
Die Lebensmittelpreise in Florida liegen etwa auf deutschem Niveau. Die großen Lebensmittelmärkte arbeiten bei Ihrer Werbung mit einem Gutschein- (Rabatt-) system. Wenn Sie diese strikt in Anspruch nehmen, reduziert sich Ihre Lebensmittelrechnung durchschnittlich um 15%. Unterschiedliche Preise zu Europa: (sehr) günstig - Rindfleisch, teurer - europäische Lebensmittel
Kraftfahrzeug
Kfz-Steuer | 20/Jahr
Kfz-Versicherung (40%) | 400/Jahr
Benzin | 1,10/gallon
Diesel | 1,14/gallon
Moderne Waschstraße | 3
Banken
Kontoführung | 0-3/Monat
Guthabenzinsen | bis 6%
Kreditzinsen | bis 21%
Kreditzinsen für Immobilien | ab 7%
Post
Briefe national | 0,33/Brief
Briefe international (EU) | 0,60/Brief
Kino | 2-7/Person

Brief - und Paketpost

Der United States Postal Service (USPS) ist trotz seiner immensen Größe ein bemerkenswert effizientes Unternehmen. Die Post liefert an 6 Tagen pro Woche aus, von Alaska bis auf die Keys und von Hawaii bis zum Grand Canyon (hier übrigens per Maultier), und natürlich international über alle möglichen Häfen. Wäre die US Post ein privates Unternehmen, so wäre es das Zehntgrößte der USA. Die US Post...

- bewegt 41% des Weltpostaufkommens (!), 630 Millionen Sendungen jeden Tag. Der nächstgrößte Postdienst ist der von Japan mit 6% des Weltpostaufkommens täglich.
- ist der größte US-Arbeitgeber mit mehr als 765000 Angestellten.
- betreibt 38019 Poststellen.
- meistert 38 Millionen Adressänderungen jedes Jahr.
- fährt jedes Jahr 1,8 Milliarden Kilometer mit 192904 Fahrzeugen. Für jeden einzelnen cent Benzinpreissteigerung pro Gallone steigen die Betriebskosten des USPS um mehr als 1 Million $.
- bedient 7 Millionen Kunden und 130 Millionen Lieferadressen jeden Tag. Dazu gehören auch 18 Millionen Postfächer.
- liefert an einem einzigen Tag mehr Post aus

> als FedEx in einem ganzen Jahr und in nur
> drei Tagen mehr als UPS innerhalb eines
> ganzen Jahres.
>
> (Quelle: United States Postal Service, 1999)

In nahezu jeden Ort ist eine Poststelle vorhanden. Neben den üblichen Dingen wie Briefmarken usw. erhalten Sie auch alle denkbaren Nebenprodukte zu kaufen. Die oft benötigten 33c Briefmarken gibt es unter anderem selbstklebend auf einer 100er-Rolle. Auf Anfrage erhalten sie selbstklebende Aufkleber für »Airpost«, »Fastpost«, »Seapost« usw. - in 2 verschiedenen Größen - kostenlos. Falls Sie viele davon benötigen, gibt es auch Abziehrollen mit jeweils 100 Stck. kostenfrei.

Die Briefkästen werden in üblichen regelmäßigen Abständen geleert. Es gibt oft zwei nebeneinander, nämlich je einen für nationale und internationale Post. Werfen Sie Ihre Post aus Versehen in den falschen Briefkasten, kommt Sie natürlich trotzdem an, allerdings eventuell um 1-2 Tage verzögert. Erhalten Sie selbst einmal eine Fehllieferung, streichen Sie die Empfängeranschrift einfach durch, schreiben entweder die neue Adresse oder »unknown« daneben und werfen den Brief einfach wieder in einen Briefkasten. Die Internet Seiten der US Post liefern Ihnen alle ZIP-Codes der USA (Postleitzahlen), alle Preise und Gebühren, Tracking Informationen und anderes.

Preise

Nationale First Class Mail (das hat nichts mit Luxus zu tun, sondern ist die Bezeichnung für die normale Beförderung von Briefen und Postkarten) kostet für die Brief-Standardgrößen 33c, die Laufzeit beträgt 2-3 Tage. Im internationalen Verkehr kostet der Standardbrief 60c und darf bei üblichen Abmessungen bis zu 1oz. (28gr) wiegen. Das ist doch was, oder? Darüber kostet jedes halbe oz. 0,40c. Nach nur 5-6 Tagen ab Einwurf in Florida ist Ihr Brief beim Empfänger in Europa! Die genannten Preise beziehen sich auf die Beförderung nach Europa per Luftpost. Es existieren verbilligte Raten nach Kanda und Mexico. Daneben bietet die US Post noch zwei zusätzliche Beförderungsmöglichkeiten an, nämlich die per Seepost und per Economy-post, ein Zwischending von beiden. Ein durchschnittliches 10 pound Paket (1 pound = 453 Gramm) kostet im nationalen Postverkehr von Südflorida nach New York $11,40 und nach Los Angeles $14,05, ist also gar nicht teuer. Im internationalen Verkehr nach Europa werden als Luftpost für das gleiche Paket $39,45 fällig, als Seepost $24,36.

Daneben gibt es einige relativ große private Beförderer. Kürzel wie UPS oder FEDEX sind heute jedem geläufig. Diese privaten Unternehmen bieten eine große Auswahl an zum Teil erstaunlich schnellen und zuverlässigen Diensten an. Meiner Erfahrung nach allerdings sind sie durchgehend teurer als vergleichbare US Post Dienste, zum Teil sogar erheblich teurer.

Termini
CERTIFICATE OF MAILING...ist eine schriftliche Bestätigung der Sendung. Sie gibt Ihnen einen Beleg über die Absendung in die Hand und kostet 55 cents extra. Das Post führt kein Buch über den Weg des Poststückes, sie bestätigt nur den Empfang.
CERTIFIED MAIL...ist das Einschreiben. Sie erhalten einen Einlieferungsbeleg und das Empfangspostamt führt Buch über die Auslieferung. Die Gebühr beträgt $1,35 zusätzlich zum Porto. Auch einen Rückschein gibt es (return receipt), der nochmals ein paar cent mehr kostet.
COLLECT ON DELIVERY (COD)...ist die Nachnahmesendung, die jeder Postkunde, gleich ob gewerblich oder privat, benutzen kann. Der Betrag darf $600 nicht übersteigen.
EXPRESS MAIL... ist die Express Post, die über Nacht, an 365 Tagen im Jahr ausliefert. Für diesen Service existieren weder Wochenenden noch Feiertage. Die Preise starten ab $10.75.
TRACKING EXPRESS MAIL...damit können Sie bei Auslieferverzögerungen sofort feststellen, wo es klemmt. Rufen Sie kostenfrei 1-800-222-1811 an und halten Sie die Einlieferungsnummer bereit.
GENERAL DELIVERY...lautet der Adresszusatz für Post an Menschen, die keine örtliche Anschrift

besitzen. Dadurch wird die Post bei der Poststelle bis zur Abholung aufbewahrt. ID beim Abholen nicht vergessen!

INSURANCE...Versicherung ist für alle Arten von Postsendungen bis zu einem Wert von $5000 buchbar und deckt die Risiken von Verlust oder Beschädigung ab.

Insider-Wissen
INTERNATIONAL REPLY COUPONS...sind interessant für Sie, wenn Sie oft von Europa nach USA Briefe schreiben. Durch die fast schon lächerlich hohen Portogebühren in D lohnt es sich, ein paar International Reply Coupons für je $1,05 zu kaufen und mit rüberzuschicken. Der Empfänger in D erhält dafür bei der Post die entsprechenden Luftpostübersee-Briefmarken ohne weitere Kosten!

MONEY ORDERS...sind eine einfache, gängige und sichere Art, Geld innerhalb der USA zu versenden, um z.B. Rechnungen zu bezahlen. Sie kaufen diese Art von Checks über den genauen Betrag und versenden ihn. Moneyorders werden von der US Post in Florida für bis zu $700 ausgestellt. Einige US-Staaten haben andere Limits. Falls das Papier verloren geht oder gestohlen wird, bekommen Sie es ersetzt. Die Ausfertigungsgebühr beträgt ca. $1. Falls Sie eine Money Order zugeschickt bekommen, so erhalten Sie den Betrag, korrekte ID vorausgesetzt, auf Wunsch bar in der Post ausbezahlt, sofern die Money Order von der USPS ausgestellt wurde. Dafür wird keine Gebühr erhoben. Daneben gibt es zwei Arten von internationalen Money Orders zu $3 und $7,50.

PARCEL POST...ist die Paketpost und gilt für Gewichte von 1 bis 70 pounds (1 pound=453 Gramm). Die Lieferzeit innerhalb der USA beträgt 7 - 10 Tage.

P.O. BOX...ist die Post Officice Box, das Postfach. Jeder kann eines haben, die Gebühr beträgt $22 je halbes Jahr. Viele private Post- und Bürodienste bieten Ihnen den gleichen Service für den 6-8fachen Preis!

REGISTERED MAIL...ist die sicherste Art und Weise, wichtige und/oder wertvolle Post zu versenden. Diese Sendungen werden unter großen Sicherheitsvorkehrungen transportiert und nicht aus den Augen gelassen, bis Sie beim Empfänger angekommen sind. Das Versicherungslimit ist erhöht und kann bis zu $25.000 betragen.

Spezielle Anschriften

Falls Sie unerwünschte Post abbestellen wollen oder sich vor der Flut von Werbesendungen schützen möchten, so schreiben Sie bitte einen formlosen Brief an: Mail Preference Service, Direct Marketing Association, PO Box 9008, Farmingdale NY 11735-9008.

Der amerikanische Zoll (US Customs Service) kontrolliert auf Strichprobenart die in die USA eingehenden Postsendungen. Wird ein Zollbetrag angesetzt, so wird diese Summe, zusätzlich zu eventuellen Gebühren durch die US Post bei Auslieferung erhoben. Falls Sie eingehendere Informationen benötigen: United States Customs Service, Treasury Department, PO Box 7407, Washington Dc 20229-7407

Falls Sie zu den Philatelisten gehören, so bietet der US Post Service, well - Service. Kataloge und Auskünfte aller Art erhalten Sie bei: Stamp Fullfilment Services, US Postal Service, PO Box 419424, Kansas City, MO 64179-0997

Für alle weitergehenden Informationen können Sie sich an das Kundenberatungszentrum wenden: US Postal Headquarters, Consumer Affairs, 475 L'enfant PLZ SW RM 5821, Washington DC 20277-3026

Sonstiges

- Falls Ihnen die Warterei in der Schlange beim Postschalter zu dumm ist, können Briefmarken ohne Aufpreis auch per Post bestellt und geliefert werden. Die Lieferzeit beträgt 3 Tage. Oder Sie bestellen einfach per Telefon: 1-800-STAMP-24 (1-800-782-6724).
- Falls Sie gern ein bestimmtes Motiv auf den Briefmarken hätten, werden Ihre Vorschläge gern angenommen:www.stampsonline.com/custcare/phil.htm
- Falls Sie umziehen, bietet Ihnen die US Post

einen schönen Online-Service an: www.usps.gov/moversnet
- Übrigens, ein Bundesgesetz verbietet die Versendung von unbestellten Artikeln. Falls Ihnen irgendjemand ungefragt Produkte zuschickt, dürfen Sie die als Geschenk ohne jede Verpflichtung betrachten.

Das Telefonwesen

Die Telefonindustrie in den USA ist, sagen wir, ziemlich verschieden von der in Europa. Es herrscht ein sehr freier Markt mit vielen Konkurrenzunternehmen, die um die Gunst der Kunden, aber auch um deren Geld buhlen.
Mit allen Vorteilen und Nachteilen. Die Freischaltung Ihres Hausanschlußes dauert nur wenige Stunden. Alle Ortsgespräche sind kostenfrei, egal wie lange Sie telefonieren. Es wird auch ohne weiteres ein Anschluss direkt an Ihr Dock gelegt. Das Telefax-gerät, besonders als Kombigerät hat sich schon in weit größerem Maße als in Deutschland in den Privathaushalten durchgesetzt, wird aber schon verdrängt durch die steigende Zahl von Zweitanschlüssen für das Internet, an dem viele amerikanische Haushalte per Standleitung (24h) hängen. Kostenfreie Servicenummern beginnen mit 1-800.., 1-888.. oder 1-877.. Servicenummern, für die erhöhte Gebühren berechnet werden, beginnen

mit 1-900. Sie können auch ein Boot/Schiff auf den Gewässern Floridas telefonisch erreichen, das überhaupt kein Funktelefon an Bord hat. Sie werden einfach zum normalen VHF-Bordfunkgerät verbunden, wie es auf jedem Wasserfahrzeug zu finden ist.

Telefonkarten

Viele Long distance provider, das sind die kleinen und großen Telefongesellschaften, die die Fernnetze betreiben, bieten Telefonkarten an. Es gibt eine Unzahl von verschiedenen, die quasi überall zu haben sind. Die gängigsten Stückelungen betragen $5, $10 und $20. Die Karten enthalten keine umständliche und aufwendige Chiplösung wie in Europa und funktionieren deshalb von jedem Telefon aus. Egal ob es sich um eine öffentliche Telefonzelle, ein Hotelzimmertelefon oder einen Privatanschluß handelt. Sie wählen meistens eine kostenlose 800er Nummer, die auf die Karte aufgedruckt ist und geben dann eine vielstellige Codenummer ein, die ebenfalls auf die Karte gedruckt ist. Nach einer kurzen Ansage, wieviel Telefonzeit noch auf der Karte bereit steht, werden Sie zum Eintippen Ihrer Zielnummer aufgefordert. Auch in diesem Bereich gibt es tolle Angebote und schwarze Schafe. Die Kosten reichen von 19c/min. nach Deutschland bis zu über $1! Ein Lesen des Verpackungsaufdruckes und der Preislisten der

Karten ist zu empfehlen.

Insider-Wissen
Es ist sogar möglich, total kostenlos und unbegrenzt von jedem öffentlichen und privaten Telefon zu telefonieren. Das geht so: Nach einmaliger Anmeldung beim Anbieter hören Sie sich kurze Werbemitteilungen (15-20 sec) im Hörer an und erhalten für jede gehörte Botschaft 2 Minuten Gesprächszeit (für innerhalb der USA). Bei FREEWAY kann jeder kostenlos Mitglied werden: www.broadpoint.com

Telefonzellen
Telefonzellen gibt es sehr reichlich. Obwohl, Zellen sind es nicht gerade. Eher Telefone in einem Vogelhäuschen, das in allen möglichen Höhen über dem Boden angebracht ist - nur nie in der richtigen. Meistens von blauer Farbe und manchmal sogar mit Hinweisschild versehen, sind sie an vielen öffentiche Orten aufgehängt. Für die meisten Telefonzellen gilt: Alle Nummern, die mit 1-800, 1-888 oder 1-877 beginnen sind kostenlos zu erreichen. Für die meisten, aber nicht alle. Das liegt daran, das auch die öffentlichen Telefone privaten Unternehmen gehören. Und manche dieser Unternehmen möchten Ihren Apparat unter keinen Umständen kostenlos zu Verfügung stellen. Deshalb werden Sie bei diesen auch bei der Wahl einer

kostenfreien Telefonnummer zum Einwurf von Münzen aufgefordert. Eine Strasse weiterfahren löst das Problem meistens.

Handy

Das Funktelefon oder cellphone hat in Florida mindestens den gleichen Statuswert wie in Europa. Kaum jemand, der etwas auf sich hält oder glaubt etwas auf sich halten zu müßen, kommt ohne es aus. Nachdem seit jüngerer Zeit -zig verschiedene Tarife von mehreren Providern angeboten werden, ist das Handy nochmals attraktiver geworden. Die Grundgebühr beträgt im günstigsten Fall $10, ist also billiger als der Hausanschluß. Demgegenüber entstehen allerdings höhere Gesprächskosten.

In Amerika hat sich obendrein von Anfang an die Unsitte eingebürgert, Sie auch für die eingehenden Gespräche bezahlen zu lassen (nur Handy)! Um jederzeit erreichbar zu sein, ist diese moderne Kommunikationsmöglichkeit allerdings eine konkurrenzlose Alternative zum Hausanschluß. Nur nebenbei, Funktelefonnummern sind in Florida nicht von den Festanschlußnummern zu unterscheiden. Sie sehen genau gleich aus und besitzen auch eine (von Ihnen frei wählbare) Ortsvorwahl.

Die Funktelefone selbst sind durchgehend Geräte der großen überregional operierenden Herstellerfirmen und befinden sich qualitativ auf Weltstandard. Die Angebotsformen entsprechen den bekannten aus Europa. Bei Abschluß eines Kartenvertrages ist der Preis des Telefons gering, beim Kauf ohne Kartenvertrag relativ hoch.

Wichtige Telefonnummern	
Notruf	911
Notfall regional:	
Miami	305-273-6700
Ft. Lauderdale	954-831-3900
West Palm Beach	561-233-3500
Lokale Auskunft	411
Kostenlose Auskunft rund ums Mobiltelefonieren mit AT&T	611
Auskunft für die kostenlosen 800er und 888er Nummern	1-800-555-1212
Auskunft für eine beliebige Stadt	1-(Stadtvorwahl)- 555-1212
Selbstwählverbindungen von Florida nach:	
Deutschland	01149
Schweiz	01141
Österreich	01143
Selbstwählverbindung von D nach USA	001-(Stadtvorwahl)..

Zeitungen und Zeitschriften

Die Anzahl der verschiedensten Druckerzeugnisse im Land ist erstaunlich. Es gibt Zeitungen und Zeitschriften in rauhen Mengen. In Südflorida dominiert bei den Tageszeitungen der *Sun-Sentinel* und der *Miami Herald*. Beide erscheinen rund um die Woche zu einen Verkaufpreis von 35/25 cents. Am Sonntag sind es $1/0,75. Allen gemeinsam ist ein unverhältnismäßig großes Anzeigenvolumen und eine eher regionale Berichterstattung. Regelmäßig beschränkt sich der Nachrichten- und Berichtteil aus Übersee auf 2 bis maximal 3 Seiten, wobei noch die Hälfte der Seiten mit Werbung bedruckt sind. Der Kleinanzeigenmarkt für Immobilien, Beruf und Kraftfahrzeuge ist in nahezu jeder örtlichen Tageszeitung sonntags am stärksten. An anderen Wochentagen sind diese Rubriken ebenfalls vorhanden, allerdings ist dann das Anzeigenvolumen geringer. Mindestens genauso populär sind in Florida die großen überregionalen Blätter wie die *New York Times, Wallstreet Journal, USA Today.* Alle Erzeugnisse sind überall einfach und einfach überall zu haben.

Sofort-Kontakt

http://www.sunsentinel.com (Ft. Lauderdale)
http://www.herald.com (Miami)
http://www.n-jcenter.com (Daytona Beach)
http://www.tcpalm.com (Ft. Pierce)
http://www.jacksonville.com (Jacksonville)
http://www.orlandosentinel.com (Orlando)
http://www.newscoast.com (Sarasota)
http://www.tampatrib.com (Tampa)
http://www.usatoday.com (überregional)
http://www.wsj.com (überregional)
http://www.nytimes.com (überregional)

Aber auch die internationale Presse ist stark vertreten im Multikultistaat. Falls Sie auf Ihre tägliche *FAZ, Frankfurter Rundschau* oder die *Süddeutsche* nicht verzichten möchten - kein Problem. Mit nur einem Tag Verzögerung erhalten Sie sie regelmäßig zum Beispiel bei Borders, eine große Buchhandlungskette mit vielen Niederlassungen. Das gleiche gilt für die wöchentlichen Magazine *Spiegel, Focus* und andere. Falls Ihnen das zu aufwendig, unbequem, teuer oder sonst was ist, empfehle ich Ihnen, Sie haben's sicher schon erraten, das Internet. Neben allen genannten Zeitungen finden Sie dann auch die Taunuszeitung, die Kieler Nachrichten oder den Mainkurier. Fühlen Sie sich wie zuhause!

Sofort-Kontakt
http://www.gt.kth.se/publishing/news.html
(weltweite Tageszeitungen)

Etwas bedauerlich finde ich, das es in Florida keine nennenswerte Anzeigenzeitung gibt. Sie wissen schon, diese Blätter, die kostenfreies Inserieren Ihrer Privatanzeigen ermöglichen. In Kalifornien zm Beispiel sind sie gang und gäbe, aber nicht in Florida. Ich weiß auch nicht warum. Vielleicht gefällt Ihnen ja diese Idee für Ihre Selbständigkeit...

Magazine bietet der Zeitschriftenmarkt ebenfalls in reicher Auswahl. Zu jedem Hobby und jeder denkbaren Sportart finden sie mehr als genügend. Die Preise variieren, befinden sich insgesamt aber auf europäischem Niveau.

Fernsehen und Rundfunk

Über die Funkmedienlandschaft in den USA wird

ja immer viel erzählt. Alles stimmt! Unendlich viele Kanäle und noch mehr Werbeunterbrechungen (Für die Hobbymathematiker: Es gibt wirklich verschieden große Unendlichkeiten). Jede Sparte wird abgedeckt: Wetter, Wissenschaft, Nachrichten, Spielfilme, Science Fiction und und und. Mit einer normalen Antenne sind so 4-5 Fernsehsender zu empfangen. Doch die weitaus meisten Haushalte sind verkabelt. Satellitenschüsseln gibt es auch, womit dann auch die europäischen Sender kein Problem mehr sind. Übrigens sind fast alle deutschen Sender auch auf dem Internet vertreten. Radiosender gibt es mehr als genug. Für jeden Geschmack von Klassik bis Rock gibt es gleich mehrere. So viele und so »artenreich«, das man eigentlich keine Cassetten oder CDs benötigt. Wenn bloß die Werbeunterbrechungen nicht wären. Mir persönlich macht es Spaß, in Florida in der Sonne zu sitzen und am Manuskript zu schreiben, während aus den Computerlautsprechern SDR3 aus Baden-Baden übers Internet hereinplätschert. Irgendwie cool.

Einkaufen

Der Florida-Endverbrauchermarkt besteht hauptsächlich aus einer Vielzahl von US-weiten Einzelhandelsketten. Deshalb sehen viele Städte auch immer irgendwie gleich aus. Große Namen sind:

PUBLIX

Lebensmittelsupermärkte, sehr großes Sortiment, Öffnungszeiten jeden Tag 07.00 - 22.00 Uhr

WINN-DIXIE

Größter Konkurrent zu Publix, immer etwas billiger, manchmal nicht perfekte Qualität. Öffnungszeiten jeden Tag 24 Stunden.

7-ELEVEN

Riesige Kette von kleinen Einzelhandelsgeschäften, Parkplätze immer direkt vor der Tür. Öffnungszeiten: Jeden Tag 24 Stunden.

TARGET, WAL-MART u.v.a.

Kaufhäuser im bekannten Sinn, Öffnungszeiten verschieden, oft 24 Stunden.

THE HOMEDEPOT

Bau- und Hobbymärkte, sehr großes Sortiment, günstig. Öffnungszeiten jeden Tag 08.00 - 21.00 Uhr.

RADIO SHACK

Handelskette für elektrische und elektronische Produkte wie Telefone und Zubehör, Computer, Meßgeräte und Werkzeuge. Öffnungszeiten verschieden.

OFFICE DEPOT
Alles rund ums Büro. Schreibwaren, Büroausstattung, Möbel. Auch in kleineren Orten sehr gut sortiert. Öffnungszeiten jeden Tag 09.00 - 22.00 Uhr

MACDONALDs
Nein, nicht was Sie denken. Werkzeug- und Eisenwarenhandelskette im Franchisesystem. Öffnungszeiten werktags 09.00 - 17.00 Uhr.

Die angegebenen Öffnungszeiten sind nicht verbindlich und können von Ort zu Ort etwas variieren. Die Florida Mehrwertsteuer (salestax) beträgt 6% und ist so gut wie nie im ausgezeichneten Preis eingeschlossen (Ausnahme: Benzin)!

Essen und Trinken

Gibt es eine Alternative zu BurgerKing, McDonalds und Wendy? Ja! Pizzaketten. Na gut, das haben Sie nicht gerade gemeint. Ja, es gibt zahlreiche Restaurants in allen Stufen, doch sobald man nur ein bischen Anspruch an Stil und Atmosphäre hat, wird es richtig teuer. Gewöhnungsbedürftig ist, das der Sitzplatz oft angewiesen wird, das Schild am Eingang sagt »Please wait to be seated«. Falls Ihnen der zugewiesene Platz nicht zusagt, scheuen

Sie sich nicht, nach einem anderen zu fragen. Trinkgeld geben ist nicht üblich. Es ist Pflicht! 10-15% sind normal. Das Einkommen der Bedienungen basiert darauf. Nur bei wirklich schlechtem Service ist es angebracht, nichts zu geben. Von Top First Class Dinners einmal abgesehen, ist es nicht unbedingt erforderlich, auf angemessene oder gar feine Kleidung zu achten. Wer reichhaltige und günstige Frühstücksbuffets mag, sollte sich morgens zu Shooney's begeben. Dort erhalten Sie für ungefähr $6 eine reichhaltige Auswahl bis zum Abwinken, die eher an einen Sonntags Brunch erinnert.

Öffentlicher Verkehr

Ein öffentliches Verkehrsnetz durch Bahn und Bus ist, sagen wir, vorhanden und wird durch County Abteilungen mit dem schönen Namen MASS TRANSIT DIVISION verwaltet. Die Erwartungen an die Massentransport-Division sollten allerdings nicht zu hoch geknüpft sein, denn erstens werden nur Hauptrouten angeboten, die nicht sehr häufig befahren werden, zweitens ist auch hier Pünktlichkeit nicht unbedingt Prio One. Und last but not least sind sie alle relativ teuer. Dann gibt es noch die überregionalen Bahnverbindungen und die Greyhound Busse, die auch bis Kalifornien fahren. Weil man in Florida nicht ernsthaft versuchen sollte, ohne Auto über die Runden zu kommen, möchte ich es damit bewenden lassen.

Medizinische Versorgung

Notfallrufnummer in ganz Florida für
AMBULANZ - FEUERWEHR - POLIZEI

- 9 1 1 -

Die medizinische Versorgung in Arztpraxen und Krankenhäusern steht auf einem hohen Niveau, gleich ob es sich um staatliche oder privatwirtschaftliche Einrichtungen handelt. Da die Behandlung stets kostenpflichtig ist, empfiehlt sich in jedem Fall der Abschluß einer umfassenden Versicherung. In größeren Hotels steht den Gästen meist ein Vertragsarzt zu Verfügung. Apotheken in unserem Sinne gibt es kaum, sie sind oft innerhalb eines Supermarktes mit eingegliedert. Weiter unten finden Sie einige Anschriften von deutschsprachigen Ärzten in Südflorida. Das sind natürlich bei weitem nicht alle. Die Gesamtübersicht finden sie in den Yellow Pages, den Gelben Seiten ihres Ortes.
Besondere Vorsorgeimpfungen sind für Menschen, die aus Europa einreisen nicht erforderlich. Wer auf kontinuierliche Einnahme von Medikamenten angewiesen sind, sollte eine Bestätigung des Arztes mitführen, auch wegen eventueller Zollkontrollen.

Für verschreibungspflichtige Arzneien wird auch in Florida ein Rezept benötigt. Spezielle Lebensmittel und Hilfsmittel für Diabetiker und Allergiker erhalten Sie in den Health Shops, ein Zwischending von Apotheke, Drogerie und Supermarkt.

Einen Hinweis noch zum für Ihre Augen: Die Sonnenstrahlung ist in Florida selbst bei bedecktem Himmel intensiv. Europäern fällt das manchmal in der ersten Zeit an leicht brennenden Augen auf, die von der (nicht unbedingt bemerkten) Intensität des Tageslichtes herrühren. Besorgen Sie sich deshalb ein oder zwei gute Sonnenbrillen, die die UV-Strahlung vollständig (100%) herausfiltern sollten (in Florida sind die viel billiger als in der EU).

Deutschsprachige Ärzte in Südflorida(nur ein winziger Auszug)

Bernd Wollschläger, M.D., Allgemeinmedizin, Aventura Waterways, 3575 N.E. 207th Street, Aventura, Fl 33380, 305-937-0700

Jürgen Eisermann, M.D., Gynäkologe, 6250 Sunset Drive, Miami, Fl 33143, 305-662-7910

Helga Grabner, M.D., Internistin, M.D. Med Center, 500 S.E. 17th Street, Ft. Lauderdale, Fl 33316, 954-527-4167

Das amerikanische Rote Kreuz in Südflorida
Tel.: 305-644-1200 (Miami), 954-763-9900 (Ft. Lauderdale), 561-833-7711 (Palm Beach)

Einige Krankenhäuser in Südflorida
Aventura Hospital, 20900 Biscayne Blvd., Miami, Fl 33180, Telefon 932-0250
Mount Sina Hospital, 4300 Alton Road, Miami Beach, Fl 33140, Telefon 674-2121
Parkway Hospital, 3569 N.E. 163rd Street, North Miami Beach, Telefon 651-1100

Das Polizeisystem

Die Polizei in Florida ist sehr unterschiedlich zu Europa organisiert. Sie ist stark regional strukturiert aufgebaut, mit für unsere Vorstellungen zum Teil lächerlichen Konsequenzen. Ein Polizeiauto aus Ft. Lauderdale zum Beispiel verliert jeden offiziellen Status, sobald es die Stadtgrenzen überschritten hat. Theoretisch, und manchmal auch praktisch - je nachdem wie grün sich die Städte sind - darf es außerhalb der Stadtgrenzen weder das Blaulicht einschalten noch einen Sünder jagen. Die »Beamten« sind auch nicht verbeamtet. In der Hierarchie unten stehen die Stadtpolizisten, einfach nach dem Stadtnamen benannt, also zum Beispiel Daytona Beach Police. Die dazugehörige Behörde heißt dann Daytona Beach Police Department.
Als nächstes kommen die Sheriffs. Die heißen wirklich so. Da gibt es einen für jeden Landkreis, also zum Beispiel den Broward County Sheriff.

Das das nicht nur eine einzelne Person ist, sondern der auch seine Hilfssheriffs und Verwaltungsmenschen hat, ist klar. Das ganze heißt dann Broward County Sheriff Department. Über den Sheriffs stehen außer einigen Agenten des Generalstaatsanwaltes (Florida) nur die Bundespolizisten des FBI.
Dann gibt es noch die Highway Patrol, die Troopers. Die sind zuständig für die Autobahnen. Und schließlich haben haben wir im Wasserstaat Florida noch die Marine Patrol, zuständig für Wasserfahrzeuge in Fällen, die die Coast Guard (Küstenwache, Bundesbehörde) nicht betreffen.

Führerscheine

Ob Sie zu Lande, zu Wasser oder zu Luft mobil sein möchten - in Florida können Sie auf jeden Fall glücklich werden. Niedrige Preise für Fahrzeuge und Treibstoffe, relaxte Gesetzgebung und Kontrolle, und die Möglichkeit, das Führerscheine sowohl als Tourist als auch als Einwanderer easy zu erwerben sind, machen das Leben zur Freude. Sie werden sich wundern, wie kurz dieses Kapitel trotz der Abhandlung aller Elemente geraten kann, was natürlich auch eine Folge der lockeren Gesetzgebung ist. Fangen wir mit der Straße an. Auch in Florida macht der Gesetzgeber das Führen eines Kraftfahrzeuges von einer Genehmigung, den driver licenses, abhängig. Den Florida-Führerschein zu machen ist sehr einfach. In einem der vielen Driving License Offices kann es an einen Vor- oder Nachmittag erledigt sein und kostet bloß $20!

Kommen wir zum Wasser, also zum Marinebereich. Das Führen von privaten Wasserfahrzeugen aller Art, gleich ob per Motor oder Segel angetrieben, unterliegt keiner Führerscheinpflicht. Dabei spielt weder die Größe noch die Motorleistung eine Rolle. Sie dürfen also Ihre eigene 100 ft. Motoryacht mit 2 x 2000PS selber steuern, ohne jemals auch nur davon gehört zu haben, was backbord/steuerbord ist. Warum funktioniert es hier bloß immer, das der Staat die Mündigkeit seiner Bürger respektiert? Und man uns in Europa ständig wie ein kleines Kind behandelt? Das ist mir wirklich ein Rätsel.

Es werden natürlich Ausbildungen zur Seeführerschaft angeboten. Zum Beispiel von der US Coast Guard (Küstenwache), die oft in Europa als adäquate Bootsführerscheine anerkannt werden. Doch wie gesagt, deren Belegung ist freiwillig.

Verbleibt noch der Luftraum. Wer träumt nicht davon, mit dem eigenen oder gecharterten Flugzeug/Hubschrauber die traumhaften Strände von Südflorida entlang zu fliegen? Oder für einen Nachmittag auf dem Sandstrand einer einsamen Bahamas-Insel zu landen? Hier hängt es nur von Ihnen selbst ab, ob es ein Traum bleibt oder ob er realisiert wird.

Eine Privatpilotenlizenz für Tragflächenflugzeuge

(eben kein Hubschrauber) kostet etwa soviel wie ein Autoführerschein in Deutschland. Und kann, wenn man sich ein bischen ranhält, sogar während eines normalen Urlaubes gemacht werden! Gebrauchte Cessnas oder Modelle anderer Hersteller der gleichen Grössenklasse gibt es ab $15000. Also, ab in die Luft! Falls es Sie interessiert - ich persönlich interessiere mich für den Hubschrauberschein. Diese Dinger haben mich schon immer fasziniert. Während der in Deutschland unverschämte DM 50000 kostet, können Sie ihn hier für ca. $6000 bis 8000 machen. Die Mindest-Anforderungen (decken sich mit dem (Trag-) Flächenschein) sind:

20 Flugstunden mit Lehrer
20 Flugstunden solo
Theorie nach Bedarf

Die Flugstunde auf dem kleinen zweisitzigen, kolbenmotorigen Robinson R-22 Hubschrauber kostet $150-170. Und falls Sie es gleich richtig machen wollen und sich für den weltweit erfolgreichsten Turbinenhubschrauber Bell Jetranger 206 interessieren: Dann sind Sie mit ca. $550 dabei, pro Flugstunde wohlgemerkt. Hach - Geld müsste man haben. Bei einigen Flugschulen können Sie für einige Stunden einen Simulator wählen, der wird mit ca. $60/Stunde berechnet. Die Theoriestunden kosten $25 (Flächenflugzeug und kleiner Hubschrauber), $40 für die Turbinenantriebe.

Heiraten in Florida

Ok, ich habe auch schon gehört, das sich die deutschen Standesämter dem Druck der heiratswilligen Massen, die in Scharen im Ausland heiraten, ein wenig gebeugt haben und weniger widerwärtig amtshaft geworden sein sollen. Bloß - ich glaube es nicht. Wer vielleicht schon einmal die unsägliche bürokratische Zwangsjacke und die kühle, reservierte, eigentlich mehr an eine Beerdigung erinnernde Atmosphäre auf den Standesämtern in Deutschland z.B. als Trauzeuge oder Gast miterlebt hat, wird sich vielleicht auch etwas Schöneres für seine eigene Hochzeit vorstellen können.

Heiraten in Florida ist einfach und die Gestaltung bleibt weitgehend Ihrer Phantasie überlassen. Für den Zeitbedarf reicht ohne weiteres ein normaler Urlaub aus. Sie benötigen lediglich Ihre Pässe, Geburtsurkunden sowie ein paar Passfotos und ungefähr $70. Mit diesen Unterlagen wenden Sie sich an eine beliebige Stadtverwaltung und gehen zum Büro des *County court judge* oder *Clerk of the circuit court* und beantragen eine marriage licence. Den nächst gelegenen finden Sie unter

Sofort-Kontakt
http://sun6.dms.state.fl.us/dor/html/clerks-of-court.html

Dieses Papier, das Sie gleich mitnehmen können, ist 60 Tage lang gültig und berechtigt eine zur Trauung bevollmächtigte Person zur Durchführung der Trauung. Das sind eben nicht nur die officers vom Amt, sondern auch viele andere Personen, zum Beispiel Religionsangehörige aller Religionen, die ein offizielles Amt innerhalb dieser Religion innehaben, alle Staatsangestellten aus dem juristischen Bereich, auch alle Ex-Angestellten (nicht die gefeuerten, sondern die in Rente gegangenen!) und alle Notary Public in Florida. Die Auszeichnung Notary Public hat mit der deutschen Bezeichnung »Notar« nur wenig gemein. Notary Public kann jeder in kurzer Zeit werden. Dementsprechend viele gibt es in Florida. In jeder Bank oder Behörde, in jedem Büroservicedienst und vielen anderen Geschäften ist mindestens ein Mitarbeiter nebenher der Notary Public. Falls Ihnen das noch nicht reicht - das Amt gibt Ihnen gerne Auskunft, wer im näheren Umkreis in Frage kommt oder sie schauen einfach in das örtliche Telefonbuch.

Mit der ausgewählten Person vereinbaren Sie einen Termin und sprechen dann Ort und Zeit Ihrer Trauung ab, in der Wahl sind Sie völlig frei. Ob am Sandstrand, auf einer Segelyacht oder mitten im Palmenwald, alles kein Problem, solange Ihr »Trauofficer« einverstanden ist (schließlich muß er auch dort hin reisen). Ist er das nicht, bieten Sie ihm eine Lösung an oder suchen sich einen anderen. Dann benötigen Sie nur noch zwei Trauzeugen, das können auch Freunde aus Europa sein. Nach der Hochzeit sind Sie auf der ganzen Welt rechtsgültig verheiratet. Ich wünsche Ihnen beiden von ganzem Herzen alles Gute. Wem selbst das noch zuviel bürokratischer Aufwand ist: In Las Vegas können Sie innerhalb von Stunden heiraten. Zur Anerkennung Ihrer Vermählung in Deutschland sind Sie übrigens ganz eindeutig nicht verpflichtet, eine Übersetzung und/oder Beglaubigung der Trauurkunde zu liefern, wie die deutschen Standesämter gerne bei ausländischen Heiraten glauben machen wollen.

Gemäß internationalen Statuten sind die Unterzeichnerstaaten, und dazu gehört Deutschland, verpflichtet, ausländische Trauurkunden direkt anzuerkennen. Warum also sollten Sie den schönsten Tag im Leben nicht etwas individueller und an einem selbstgewählten, romantischen Traumziel ohne Amtsdiktat feiern? Schließlich ist es Ihr Tag. Und, nein, Susan und ich haben bisher nicht geheiratet.

Resümee

Das Leben ist schön in Florida. Wer nicht zu

blauäugig seinen Weg sucht, und das werden die wenigsten Menschen tun, die sich zu diesem Schritt entschließen, wird sich über ein ruhigeres, mehr der Natur verbundenes Leben in den Tropen und nahezu jedem Tag tollem Wetter erfreuen können. Überall atmen Sie frische Meeresluft, weil immer eine Meeresküste in erreichbarer Nähe liegt und die Temperaturen fallen sehr selten unter 20 Grad. Plus.
Trotz tropischen Umfeld müßen Sie auf die Errungenschaften der modernen Zeit und die Verbindung zum Rest der Welt nicht verzichten. Der Post- und Telefonverkehr ist hervorragend ausgebaut. Briefe an Ihre Lieben zuhause erreichen diese sogar schneller als umgekehrt. Die Stimme der Verwandten und Freunde ist nur ein Telefon weit weg und Nachrichten per Fax oder Email senden und empfangen Sie sekundenschnell. Flüge von und nach Übersee gehen jeden Tag. Die Lebensmittel- und Energieversorgung liegt auf dem gewohnten westlichen Standard oder darüber. Und möchten Sie einmal Urlaub ausserhalb machen, dann gehören Traumziele wie die Bahamas oder Kuba zum Naherholungsgebiet.
Ihre persönlichen Freiräume sind weiter gesteckt. Es lebt sich einfach freier und weit weniger gegängelt. Sie gehen um 21 Uhr einkaufen, auch sonntags, weil Sie sich spontan zum Grillen im Garten entschlossen haben. Sie werden nicht zum Anmelden gezwungen und falls Schiessen/Jagen

zu Ihrem Hobby gehört, ist das überhaupt kein Problem. Die Möglichkeiten zur Freizeitgestaltung, zum Leben an sich, sind weit größer als in Mitteleuropa. Schon nach kurzer Zeit wird Ihnen manches, was bisher so wichtig und dringend erschien, völlig belanglos und nebensächlich vorkommen. Und irgendwann wird einem bewußt, daß das Heimatland und die dortigen Gepflogenheiten nicht der Mittelpunkt der Welt sind.

Ich wünsche Ihnen von ganzem Herzen, das all Ihre Wünsche und Pläne in Erfüllung gehen.

Anschriften

Wir sind bemüht, alle angegebene Daten auf dem neuesten Stand zu halten. Trotzdem kann esnatürlich jederzeit vorkommen, das sich Telefonnummern oder Anschriften ändern. I

Anschriften in Deutschland
Amerikanische Vertretungen und Ansprechpartner

Bonn
Deichmanns Aue 29, 53170 Bonn, Tel (0228) 3391, Fax 339-2663, COM Fax (030) 238-6296, ATO Tel (040) 341-207, Fax (040) 341-200

Berlin (BO)
Neustädtische Kirchstraße 4-5, 10117 Berlin, .. Tel (030) 238-5174, Fax 238-6290, COM Fax (030) 238-6296, CON Clayallee 170, 14169 Berlin, Tel (030) 832-9233, CON Fax 831-4926

Düsseldorf (CG)
Kennedydamm 15-17, 40476 Düsseldorf, Tel (0211) 47061-0, Fax (0211) 43-14-48, COM Tel 470-6136, Fax 43-14-31

Frankfurt am Main (CG)
Siesmayerstraße 21, 60323 Frankfurt, Tel (069) 7535-0, Fax 748-938, COM Fax 748-204

Hamburg (CG)
Alsterufer 27/28, 20354 Hamburg, Tel (040) 41171-0, FBU Fax (040) 41171-222, CON Fax (040) 443004; ADM Fax (040) 417-665, COM Fax (040) 410-6598, ATO Tel (040) 414 607-0, Fax (040) 607-20

Leipzig (CG)
Wilhelm-Seyfferth-Straße 4, 04107 Leipzig, Tel (0341) 213-840, Fax 213-8417, COM Tel 213-8440, Fax 213-8441

München (CG)

Königinstraße 5, 80539 München, Tel (089) 28880; EXEC Section 2888-608, Fax 283-047 oder 280-2317, CON Fax 280-5163, COM Tel. 2888-735, Fax 285-261

Anschriftenin der Schweiz
Amerikanische Vertretungen und Ansprechpartner

Bern (E)
Jubiläumstraße 93, 3005 Bern, Tel (031) 357-7011, Telex (845) 912603, Fax 357-7344, CPU 357-7201, USIS Fax 357-7379, COM Fax 357-7336, FAS Fax 357-7363, DAO Fax 357-7381

US Mission to the European Office of the UN and Other International Organizations (Geneva)
Mission Permanente Des Etats-Unis, Route de Pregny 11, 1292 Chambesy-Geneva, Tel (022) 749-4111, Telex 412865 USGV, Fax 749-4880

US Trade Representative (USTR)
1-3 Avenue de la Paix, 1202 Geneva, Tel (022) 749-4111, Fax (022) 749-5308

US Delegation to the Conference on Disarmament (CD)
US-Mission Bldg., Route de Pregny 11, 1292 Chambesy-Geneva, Tel (022) 749-4407, Fax 749-4833

Genf (CA)
Botanic Building, 1-3 Avenue de la Paix, 1202 Genf, Tel. (022) 738-7613; Fax 749-5388

Anschriften in Österreich
Amerikanische Vertretungen und Ansprechpartner

Wien (E)
Boltzmanngasse 16, A-1091 Wien, Tel (01) 313-39, Fax (01) 310-0682, CON Gartenbaupromenade 2, A-1010 Wien, Tel (01) 313-39, Fax 513-4351, COM Fax (01) 310-6917 oder 31339-2911, EXEC Fax (01) 317-7826, ADM Fax (01) 31339-2510, ECON/POL (01) 313-2916

US Mission to International Organizations in Vienna (UNVIE)
Obersteinergasse 11/1, A-1190 Wien, Tel (01) 313-39, Fax 369-1585, EXEC Tel 369-2095, IAEA Tel 369-2095, Fax 369-8392

US-Delegation to the Organization for Security and Cooperation in Europe (OSCE)
Obersteinergasse 11/1, A-1190 Wien, Tel (01) 313-39, Fax 368-6385

Salzburg (CA)
Herbert-von-Karajan-Platz 1, 5020 Salzburg, Tel. (0662) 84-87-76

Abkürzungen der amerikanischen Behörden

ACM	Assistant Chief of Mission
ADM	Administrative Section
ADV	Adviser
AGR	Agricultural Section (USDA/FAS)
AID	Agency for International Development
ALT	Alternate
AMB	Ambassador
AMB SEC	Ambassador's Secretary
APHIS	Animal and Plant Health Inspection Service Officer
APO	Army Post Office
ARSO	Assistant Regional Security Officer
ATO	Agricultural Trade Office (USDA/FAS)
BCAO	Branch Cultural Affairs Officer (USIS)
Bg	Brigadier General
BIB	Board for International Broadcasting
BO	Branch Office (of Embassy)
BOB/EUR	Board of Broadcasting, European Office
BPAO	Branch Public Affairs Officer (USIS)
B.P.	Boite Postale
BUD	Budget
C	Consulate
CA	Consular Agency/Agent
CAO	Cultural Affairs Officer (USIS)
Capt	Captain (USN)
CDC	Centers for Disease Control
Cdr	Commander
CEO	Cultural Exchange Officer (USIS)
CG	Consul General, Consulate General
CG SEC	Con sul General's Secretary
CHG	Charge d'Affaires
CINCAFSOUTH	Commander-in-Chief Allied Forces Southern Europe
CINCEUR	Commander-in-Chief US European Command
CINCUSAFE	Commander-in-Chief US Air Forces Europe
CINCUSAREUR	Commander-in-Chief, US Army Europe
Col	Colonel
CM	Chief of Mission
COM	Commercial Section (FCS)
CON	Consul, Consular Section
COUNS	Counselor

C.P.	Caixa Postal
CUS	Customs Service (Treasury)
DAC	Development Assistance Committee
DCM	Deputy Chief of Mission
DEA	Drug Enforcement Agency
DEP	Deputy
DEP DIR	Deputy Director
DIR	Director
DOE	Department of Energy
DPAO	Deputy Public Affairs Officer (USIS)
DPO	Deputy Principal Officer
DSA	Defense Supply Adviser
E	Embassy
ECO	Economic Section
ECO/COM	Economic/Commercial Section
EDO	Export Development Officer
ERDA	Energy Research and Development Administration
EST	Environment, Science, and Technology
EX-IM	Export-Import
FAA	Federal Aviation Administration
FAA/CASLO	Fed. Aviation Admin. Civil Aviation Sec. Liaison Officer
FAA/FSIDO	Fed. Aviation Admin./Flight Standards Int. District Office
FIN	Financial Attache (Treasury)
FODAG	Food and Agriculture Organizations
FPO	Fleet Post Office
IAEA	International Atomic Energy Agency
IAGS	Inter-American Geodetic Survey
IBB	International Broadcasting Bureau
ICAO	International Civil Aviation Organization
IMO	Information Management Officer
IO	Information Officer (USIS)
IPO	Information Program Officer
IRM	Information Resources Management
IRS	Internal Revenue Service
ISM	Information Systems Manager
JUS/CIV	Department of Justice, Civil Division
JUSMAG	Joint US Military Advisory Group
LAB	Labor Officer
LO	Liaison Officer
Ltc	Lieutenant Colonel
LEGATT	Legal Attache
M	Mission
Mg	Major General
MAAG	Military Assistance Advisory Group
MILGP	Military Group
MSG	Marine Security Guard
MSC	Military Staff Committee
MIN	Minister
MLO	Military Liaison Office
MNL	Minerals Officer

NARC	Narcotics
NATO	North Atlantic Treaty Organization
NAS	Narcotics Affairs Section
NCIS	Naval Criminal, US
OAS	Organization of American States
DAO	Office of the Defense Attache
ODC	Office of Defense Cooperation
OIC	Officer in Charge
OMC	Office of Military Cooperation
PAO	Public Affairs Officer (USIS)
PC	Peace Corps
PO	Principal Officer
PO SEC	Principal Officer's Secretary
POL	Political Section
POL/LAB	Political and Labor Section
POLAD	Political Adviser
POL/ECO	Political/Economic Section
Radm	Rear Admiral
RCON	Regional Consular Affairs Officer
REDSO	Regional Economic Development Services Office
REF	Refugee Coordinator
REP	Representative
RES	Resources
RHUDO	Regional Housing and Urban Development Office
RMO	Regional Medical Officer
ROCAP	Regional Officer for Central American Programs
RPSO	Regional Procurement and Support Office
RSO	Regional Security Officer
SAO	Security Assistance Office
SCI	Scientific Attache
SCO	Senior Commercial Office
SEC DEL	Secretary of Delegation
SHAPE	Supreme Headquarters Allied Powers Europe
SLG	State and Local Government
SR	Senior
STC	Security Trade Control
UNEP	United Nations Environment Program
UNESCO	U.N. Educational, Scientific, and Cultural Organizations
UNIDO	United Nations Industrial Development Organization
USA	United States Army
USAF	United States Air Force
USDA/APHIS	Animal and Plant Health Inspection Service
USEU US	Mission to the European Union
USGS	US Geological Survey
USINT	United States Interests Section
USIS	United States Information Service
USLO	United States Liaison Office
USMC	United States Marine Corps
USMTM	US Military Training Mission
USN	United States Navy
USNATO	US Mission to the North Atlantic Treaty Organization

USOAS	US Mission to the Organization of American States
USOECD	US Mission to the OECDt
USTTAUS	Travel and TourismAgent
USUN	US Mission to the United Nations
VC	Vice Consul
VOA	Voice of America

Anschriften in Florida

Deutsches Generalkonsulat
100 North Biscayne Boulevard, Miami, Florida 33132, Telefon 305-358-0290, Telefax 305-358-0307

Österreichisches Konsulat
1454 N.W. 17th Avenue, Miami, Florida 33125, Telefon 305-325-1561, Telefax 305-325-1565

Schweizer Konsulat
7301 S.W. 97th Avenue, Miami, Florida 33131, Telefon 305-274-4210

DEPARTMENT OF REVENUE, Office of Taxpayer Assistance
5050 West Tennessee Street, Tallahassee, Florida 32399-0100, 904/488-6800, 800/352-3671 (Florida residents only)

DEPARTMENT OF BUSINESS AND PROFESSIONAL REGULATION
Northwood Centre, 1940 North Monroe Street, Tallahassee, Florida 32399-0750, 904/488-7114

DEPARTMENT OF STATE, Division of Corporations
Post Office Box 6327, Tallahassee, Florida 32314, 904/488-9000

DEPARTMENT OF INSURANCE
200 East Gaines Street, Tallahassee, Florida 32399-0319, 904/922-3137

DEPARTMENT OF LABOR AND EMPLOYMENT SECURITY, Division of Unemployment Compensation
107 East Madison Street, 201 Caldwell Building, Tallahassee, Florida 32399-0206, 904/488-6093

DEPARTMENT OF BANKING AND FINANCE

The Capitol - Plaza L, Tallahassee, Florida 32399-0350, 904/488-0370

DEPARTMENT OF ENVIRONMENTAL PROTECTION, Division of Environmental Resource Permitting
Twin Towers Office Building, 2600 Blair Stone Road, Tallahassee, Florida 32399-2400, 904/488-0130

Division of Marine Resources, Office of Fishery Management, Bureau of Saltwater Licenses and Permits
Commonwealth Building, 3900 Commonwealth Boulevard, Tallahassee, Florida 32399-3000, 904/487-3122

DEPARTMENT OF AGRICULTURE AND CONSUMER SERVICES
Mayo Building, Room 509, Tallahassee, Florida 32399-0800, 904/488-5321

DEPARTMENT OF CITRUS
1115 East Memorial Boulevard, Lakeland, Florida 33801, 813/499-2500

DEPARTMENT OF HIGHWAY SAFETY AND MOTOR VEHICLES
Kirkman Building, Tallahassee, Florida 32399-0500, 904/488-3405

Sun Sentinel (grösste Tageszeitung Südfloridas)
333 S.W. 12 Avenue , Deerfield Beach, Fl. 33442
200 E Las Olas Blvd. Ft. Lauderdale, Fl 33301
Telefon (954) 360-7111
Telefax (954) 425-1700
Automatische Anzeigenannahme (Kreditkarte erforderlich):
(954) 523-5463, Kategorie 1120 eingeben.
(Diese Telefonnummer erfordert Tonwahlverfahren!)

Internet-Anschriften

Diese Auflistung stellt lediglich einen mikroskopischen Auszug aus dem immensen Angebot auf dem Internet dar und erhebt nicht im entferntesten den Anspruch auf Vollständigkeit.

US Regierung
http://www.whitehouse.gov
http://travel.state.gov
http://www.ustreas.gov

Florida Regierung
http://www.state.fl.us
http://www.dos.state.fl.us
http://www.hsmv.state.fl.us

US-Daten und Statistiken aller Art
http://www.census.gov

Wörterbücher/Übersetzer
http://www.facstaff.bucknell.edu/rbeard/diction4.html

Tageszeitungen Südflorida
http://www.sun-sentinel.com
http://www.herald.com

Weltweite Tageszeitungen
http://www.gt.kth.se/publishing/news.html

Rund um Immobilien
http://www.homespot.com
http://www.herald.com
http://www.floridaguide.com
hhtp://www.ired.com/dir/usa/fl

Stellensuche
http://www.careerspot.com
und alle Searchengines

Gebrauchtmarkt für Autos, Schiffe, Flugzeuge
http://www.traderonline.com

Wetter in Florida
http://www.weathercenter.com .

Kostenlose Email
http://www.hotmail.com
http://www.yahoo.com

Internet Searchengines
http://www.yahoo.com
http://www.infoseek.com
http://www.lycos.com
http://www.excite.com
http://www.altavista.com (das sind die mit dem automatischen Übersetzer)

Verschiedenes
http://www.mensa.org

PRETTY GOOD PRIVACY (PGP)
http://web.mit.edu/network/pgp
http://www.pgpi.com
http://pgp.com

Aus der Reihe
QUICKTIP-INSIDER-RATGEBER USA:

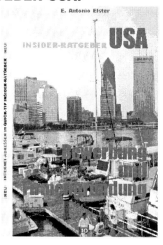

INSIDER RATGEBER USA

- **Immobilienkauf**
  von E. Antonio Elster
  ISBN 3-89811-219-5
  90S., DM14,90

- **Bewerbung und Firmengründung**
  von E. Antonio Elster
  ISBN 3-89811-218-7
  80S., DM14,90

- **Tips u. Tricks zu GreenCard & B-Visa**
  von E. Antonio Elster
  ISBN 3-89811-159-8
  68S., DM12,90

Die *Quicktip-Insider-Ratgeberreihe USA* hilft jedem Leser mit prägnanten, gezielten und aktuellen Informationen rund um die wichtigsten Non-Tourism Fragen: Wie findet und schliesst man einen erfolgreichen Immobilenkauf ab? Welche Visa für den temporären und permanenten Aufenthalt gibt es und wie sind sie zu bekommen? Wie bewirbt man sich um eine Arbeitsstelle und gründet eine Firma? WeitereTitel werden aufgelegt. Gerne nehmen wir Ihre Themenwünsche per email entgegen: Textstudio@Hotmail.com

UMFASSENDE HANDBÜCHER:

INSIDER RATGEBER USA:

- **Wohnsitz Florida
  - so klappts!**
  von E. Antonio Elster
  ISBN 3-89811-216-0
  252 S., DM 29,90

- **Wohnsitz Kalifornien
  - so klappts!**
  von E. Antonio Elster
  ISBN 3-89811-332-9
  ca. 220 S., DM 29,90

- **Wohnsitz USA
  - so klappts!**
  von E. Antonio Elster
  ISBN 3-89811-333-7
  festgelegt, ca. 200 S., DM 29,90

Die USA sowie ihre besonders beliebten Bundesstaaten Florida und Kalifornien sind Top-Einwanderungsziele unserer Erde. Um sich dort erfolgreich niederzulassen, ist jedoch handfestes amerikanisches Know-How notwendig. Diese Ratgeber helfen allen USA-interessierten Menschen und erklären genau, wie es klappt: Visamöglichkeiten, Hauskauf, Autokauf, Banken und Steuern, Stellensuche, US-Dokumente, Lebenshaltungskosten - kurz, das komplette Know-How zum "Leben geniessen" erfährt der Leser aus erster Hand. Jedes einzelne Buch hilft mit aktuellen Informationen und ausgewählten Tips und Anschriften, wie sie nur die Praxis liefern kann.

Neuseeland
Handbuch für Auswanderer
von E. Antonio Elster

Der erste unerfahrene Schritt aus Deutschland hinaus führte Elster und seine Freundin ans andere Ende der Welt - in das traumhafte Neuseeland, wo sie zwei Jahre lang auf der Nordinsel lebten, bevor die Neugierde nach dem Rest der Welt überhand nahm. Das Buch erklärt ausführlich sämtliche Schritte auf dem Weg vom Alltagsleben in Deutschland bis hin zum Anbringen des Namensschildes am Haus in Neuseeland.

ISBN 3-613-50288-7, 208 Seiten, fest gebunden, zahlreiche Farbfotos
DM 49,80